JN062126

絶対領域

「自分を生きる」ということ

原田翔太

SHOTA HARADA

青志社

絶対領域

「自分を生きる」ということ

徐々に色あせていくなら、
いっそ燃え尽きたほうがいい。
——カート・コバーン

絶望的に自信を無くした若者たちへ

キミに、人生を変える
劇薬を手渡そうと思う。

はじめに

本当の不幸というのは、一生幻覚《ゆめ》の中にいることを強いられるということだと思う。
優しい言葉というのは、甘露で、甘美だ。
なまじ心地いいだけに、逆にたちが悪い。
ただひたすら気持ちよくなれる麻薬みたいなものだ。
腐りきった現実に生きるよりも、夢のある虚構のほうがはるかに居心地がいい。
だから気休めの虚構で醒めない幻覚《ゆめ》に囚われ、時間を無駄にする。

現実に覚めて、絶望からはじめよう。
そうしなければ、キミは一生幻覚《ゆめ》の中だ。
そろそろオレたちは目覚めるべきだ。

だからオレはこの本で、キミに劇薬を手渡す。

やがてみんな死ぬ。
どうせ消えていくならば、せめて前のめりに倒れよう。
やりたいことをやって生きて、死ぬんだ。
それがオレたちに与えられた命の意味というものになるんじゃないかと思ってる。

この本を手にとってくれたということは、きっと理由があるんじゃないかと思う。
少なくとも、幾ばくか自分の人生を変えたいという気持ちがあってのことだろう。
もしかしたら今キミは、絶望しているかもしれない。
なんとかもがいて、人生を諦めたくないと思っているのかもしれない。
少なくとも何かを変えたくて、きっとこの本に向き合ってくれているのだろう。
だけど、予め言っておく。
オレは気休めなんて言わない。
気持ちよくなるだけの言葉に意味はないと思っている。
それは幻覚だからだ。幻覚に惑わされていてはいけない。

今、絶望しているならば、むしろもっと深い闇の中をいけ。
自分の絶望の縁に立って、真の絶望を見据えろ。
そしてそこに辿りつき、立ち上がってこい。
その絶望からはじまる、希望がきっとあるはずだ。

オレも、キミと同じだ。元はただのひきこもりだ。
昔のオレは自信がなくて、いつも他人の顔色を窺《うかが》っていた。
でも、甘い夢を見ることを諦めきれなくてもがいていた。
はっきり言えば中途半端でたちの悪い夢遊病者《ドリーマー》だった。
そんなときもあった。
そこからはじめて、幻覚《ゆめ》から覚めて、絶望の淵から立ち上がった。
そして挑んできた。
何が「幸せ」で、何が「いい人生」なのかなんて誰も知らない。
だからこそ、「自分の人生をはじめる」ってやつに自分なりの解を出してみてほしい。
生きたという、生命の躍動を自らの中に感じてほしい。
御託を並べるよりも、はじめて動き出すことのほうがよほど大事だ。

何かをはじめる理由なんて、きれいでなくていい。
大それたお題目よりも、率直な本音でいい。
不純な動機で、はじめよう。

不純な動機ではじめよう

さて、この本を書いている筆者はどういう人間か？

一言で言えば、今で言う「パラレルワーカー」をさらに極端にしたみたいな奴だ。
ちょっと説明しにくいので、どういうことをやっているかザッと挙げてみよう。

・EdTech系の会社を複数運営する経営者であり、
・マーケティングコンサルタントであり、
・コピーライターであり、
・作家であり、
・写真家であり、
・ミュージシャンであり、

・講演家でもある。

・きりがないので控えるが実際には、もっと他のこともやっていたりもする。

オレの主な職業をあえて言葉で定義するとこんなところだろう。おそらく現代的な表現で言えば「パラレルワーク」だとか「スラッシュキャリア」と呼ばれるのだと思うが、それを極限までやるとこうなるといった感じだ。自分の職業を説明する言葉だけで軽く10は挙げられる。「あなたは一体何者なんですか？」と問われることも多い。そういうときの答えは決まっている。

そのどれでもあり、どれでもない。

ちょっとわけがわからない感じだと思うけど、実際にこういう感じのことをしている。
だから、オレは自分自身のことをこう語る。

「なにものでもあり、なにものでもない」と。

とにかく色々なことをしているから、多面的すぎて一言では言えない部分がある。

今挙げたうちのどれか1つを切り出しても、その1つだけでは正しく自分のすべてを伝えられないし、いちいちすべてのやっていることを言うのも面倒くさいから、あるときからオレは自分のことを定義する言葉を探すのを止めた。正直良くわからないと思うのだが、どういう風にオレを捉えてもらっても構わない。

そしてこんな表現に至った。

「なにものでもあり、なにものでもない」と。

そのくらいオレは、おそらく日本で2人といない活動をしている自負がある。

そうである以上、自分を証明するためのラベルは必要ない。

だからわかりやすい説明のための肩書は、ある時期から放棄することにした。

一見するとわけがわからない感じだと思うが、それぞれの分野でそれなりの活躍をしている。例えばこんな感じだ。

・教育分野で……「オンライン授業」分野に草創期から注目し、20年近く研究してきた第一人者的存在。

・コンサルタントとして……有名企業を数々手掛け、過去に5万人以上の起業家にアドバイスをしてきた。
・コピーライターとして……コピーを中心にウェブデザインなど総合的にクリエイティブの力を使い関わってきたクライアントに対し少なく見積もって過去累計1000億円以上の売上に貢献してきた。
・作家として……22歳から作家になった。現役大学生作家としては最多執筆記録を持つ。有名出版社の顧問も歴任するなど単なる書き手以上に出版界にも携わる。
・写真家として……写真をはじめて3ヶ月でフォトコンテスト優秀賞を受賞。インフルエンサーや著名経営者などのポートレートを手掛ける。海外でも写真活動を行う。
・音楽家として……30歳手前でメジャーデビューし、Amazon音楽ランキング1位、オリコンチャートイン。津軽三味線の世界でも「名取」（プロの資格のようなもの）を持つ。
・講演家として……これまで累計1000回以上講演……など。
・その他……書ききれないので省略するが、他にも色々なことに取り組み、成果を挙げてきた。

……という感じで、割とわかりやすい実績をザッと並べてみたが、どれか1つをとっても1つの職業として成立してしまうような感じではある。あたかも1人で何人分かの人生を生きているような感じではないだろうか。

これはなにも、自慢をしたいわけではない。

「自分を生きる」ということを突き詰めていったら、色んな世界が自分のものになった。

そして、それはキミにも可能だということを伝えたい。そのためにこの本を書いている。

こんな具合でオレは色々なことをやって、それなりの結果をだしてきた。だけど、いずれも一番最初の動機なんていうのは、「あってないようなもの」だった。むしろ「不純な動機」からはじめたといってもいい。そこからはじめて、今に至った。

例えば

・女の子にモテたくて「音楽」をはじめた。
・オレをバカだと罵った奴らを見返したくて「勉強」を頑張った。
・凄い人と思われたくて「英語」を極めようとした。
・力を持った奴らに屈するのが悔しくて「お金」を稼ぐことを決めた。
・伝わらないことがもどかしくて「マーケティング」を覚えた。

・名刺を出したときに「おおっ!?」と言われたくて「社長」になった。
・有名になりたくて、「本」を書きはじめた。

率直に一切の綺麗事を抜きにして語るとすれば、正直こんな感じだ。

全く世の中を感動させるような理由なんて1ミリもない。

いずれも、ちょっとした絶望が根っこにあった。悔しさだったり、後悔だったり、憎しみだったり、無力感だったり……いずれも絶望を根っこにして、そこから「不純な動機」という希望の光を見出し、動き出して叶えてきたものばかりだ。

絶対領域

そこからオレは唯一無二の存在になっていった。

他の誰にもマネできない、替えがきかない領域で活躍できるようになった。


「自分にしかできないこと」

それを追求した先に手に入れられるものがある。

オレはそれを、

「絶対領域」

と呼んでいる。

「自分だからできる命の使い方」とでも言い換えてもいいかもしれない。
とにかく、オレは「自分にしかできないこと」を追求していったら、あるとき自分だけの**「絶対領域」**と出逢った。

そうしたら、人生がすごく変わった。
文字通り、「自分を生きる」ということができるようになった。
まるで絶望の闇に包まれていた人生に、鮮やかに光が差し込むような感覚だった。

でも、そのすべてのはじまりは、**「不純な動機」**からはじめたことだ。
そのための一歩を踏み出す動機なんて、きれいじゃなくていい。
大それたものじゃなくていい。
不純な動機で構わない。

いや、むしろ**「不純な動機」**こそ行動への源泉だ。

何よりもまず、最初の一歩をスタートすること。
そこから、自分の人生はいくらでも変わる。
そう、不純な動機からはじめていいんだ。

自分の人生の最小宇宙はいつだって自分だ。
そのはじまりはカオスでいい。
むしろ、不純こそ、純粋性だと言っていい。
その初期衝動からはじめたっていいんだ。

そして、その不純な動機からはじめて、自分の「絶対領域」へと至る。
そのとき、キミの人生は、激変する。

もはやオレたちの社会は幻覚《ゆめ》から覚めはじめつつある。
印税で豪邸建てられる時代じゃなくなったし、国民全員を巻き込めるようなメガヒットも生まれにくい。だけど地味に好きなことだけやってもなんとか食ってはいける時代が今だ。

ドロップアウターに厳しいというけど、そうでもない。なまぬるいっちゃなまぬるくて、厳しいっちゃ厳しい。こんな形容しがたい絶妙なマイルドさがむしろ残酷で、じりじりと平行線のように続くまったりとした世界の中に、自分を見失ってしまいそうになる。

どこまでいってもその世界線をまたげずに、気がつくと時間ばかり経っていたという人生になってしまいかねない。その一見穏やかな狂気に頭がおかしくなりそうになる人も多いかもしれない。

きっとそれが現代的な「生きづらさ」の1つの正体であるように思う。

この本が自分の人生を叩き起こす起爆剤になればいいと思う。

筆者は、大学生のときに起業をした。

そこから世の中のレールを外れ続けて生きてきたアウトサイダーだ。近年、声高に「自分らしい生き方をしよう!」みたいな主張が叫ばれるようになり、そのような言葉に憧れる人は増えた。「自分らしく生きる」という枕詞を付したライフスタイルを様々な形で実践・表現し、それを世に提案する人も増えた。そういう文脈で言えば、オレはそれこそ21世紀になったばかりくらいの大学生時代から今で言うパラレルワーク、ノマドワークを追求して、この命題に挑んできた。当時の若者で少なくともオレの周りにそういう人はまだ誰もいなかったから、いわばこういったことに対して日本で最初に挑み、自分の生き方を確立してきた一人ではないかと自負している。

その中で見えてきたものも含め、「世の中の既定路線的生き方」にはまりきれない人たちが多くいるのも知っている。

この本は、ママの言うことを聞いて育ってきたお利口さんのための本ではない。

オレはこの本を「はぐれもの」たちに捧げたい。

どうしようもなくて、バカで、臆病で、虐げられてきた人たちのための本だ。

予め断っておくが、お行儀の良い道徳の授業みたいな本はオレに期待しないでくれ。

声を奪われかけた無数の少数派たちが声をあげたとき、世の中は変わる。

だからそんな人たちの光になればいいと思ってこの本を書いた。

きっと、キミの人生を変える劇薬をぶち込んでみせる。

さて、一応ここで、「はじめに」ということで、この本の大まかなアウトラインをお伝えしておく。

まず、**序章**ということで、この本のタイトルでもある、「絶対領域」という生き方についての概要を示す。この本全体を通じた大きな背骨のようなコンセプトだから、まずこの感覚を自分の中に取り込んでみてほしい。

第1章では、大きく時代を取り巻く「環境」としての社会現象というものに着目してみていきたい。まずここで取り上げるテーマは「ボーダレス時代」だ。今、人間界のあらゆる局面で「境界線」が薄く、淡く、緩やかになりはじめている。昨今話題にあがる問題のほとんどが、この「ボーダレス化」によって必然的に議論されるようになったと言っていい。

第2章では、「はぐれもの」が時代を変えるということについて話す。これは何も単なる独りよがりの持論ではなく、歴史的なパターンを見ても明らかだからだ。既定路線の延長上の「エリート」の時代ではなく、完全に「アウトサイダー」の時代に入った。そのターンに入ったことを筆者が分析したパターン認識から紐解いてみたい。これまで「はぐれもの」扱いされていた人たちには、大きな可能性とチャンスを感じてもらえるだろう。

第3章では、いよいよ「絶対領域」ということの本題に入る。タイトルにもこの「絶対領域」という言葉を付けたことからも、ここが本書の中心点と言えよう。絶対領域を持つとはどういうことなのか？　どんな人が絶対領域を持っていると言えるのか？　など、これからの時代に「自分を生きる」ということについて明確な輪郭を示したい。

第4章では、「自分を生きる」ということをテーマに話す。このテーマを考えるうえで、まず「自分」が置かれている「環境」に触れなければいけない。すなわち、ある種の「社会の呪い」から逃れなければいけない。１億総中流社会と呼ばれた均質性の高い日本社会で生まれ育ったオレたちは、この国の同調圧力的な「呪い」にかかっていることが多い。自分に刷り込まれた「常識」という名の呪詛の正体を解き明かし、そこから解放されなければ先には進めないだろう。「自分を生きる」ということをはじめるうえで、まずここからスタートしてみてほしい。そのうえで、この章では「自分を生きる」ということをはじめるうえでのティップスを様々な角度からお伝えしていく。

第5章では、「お金」がテーマだ。「生き方」と「お金」は無縁ではない。むしろ、最も密接に関係している要素だと言っていい。どうすれば「自分らしく」しかも、今のこの世の理の一つである「お金」という要素と折り合いをつけ、仲良くやっていけるか。多くの人はこの問題に生涯悩み続けることになる。その課題に、若年のうちから自分の「絶対領域」を確立し、「お金」と「自分らしさ」を重ね合わせてきた立場から解を手渡したいと思う。

第6章では、そのうえでどうやったら「幸せ」に至れるかということに挑む。少なくともどんなにお金を持っていても、どんなに有名になったとしても、どんなにほしいものが手に入ったとしてもそれがそのまま「幸せ」と直結するわけではないということはキミも知っていると思う。ではオレたちにとっての幸せとは何か？　どうすれば「自分を生きる」ということの中に、じんわりと、そしてはっきりとした充足感を持てるか？　「絶対領域」を確立したその先に、どのように生きるかということについて話す。

最後に、「**終章**」と称したチャプターを設けた。ここについては実際にキミ自身の手で本を読み進めたうえで、どんな話か、直接確かめてみてほしい。オレからの心からのメッセージとエールを綴ったつもりだ。きっと、キミの心に火が灯ることを約束する。

それでは、そろそろはじめていこう。

絶対領域　目次

はじめに　5
序章　「絶対領域」という生き方　25
第1章　薄く、淡く、緩くなりはじめた境界線《ボーダレス》の時代に　77
第2章　若者、バカ者、よそ者が、セカイを変える　115
第3章　絶対的「個」で生きる　〜踏み出そう、はぐれよう〜　139

第4章　「自分を生きる」をはじめよう　177
第5章　「生き方」と「お金」を両立させる　227
第6章　腹ではなく、魂を満たせ　269
終　章　不純な動機ではじめよう　295
おわりに　328

装幀　トサカデザイン（戸倉 巌、小酒保子）
カバー撮影　小田駿一
リタッチ　上住真司
ヘアメイク　mawaki

序章

「絶対領域」という生き方

誰かに似ないようにするってのが、
オレの1つのポリシーなんだ。

――イングヴェイ・マルムスティーン

職業不明。

オレの仕事に正しい呼称はない。

「原田翔太」

それがオレの仕事だ。

絶対領域：真似したくても真似できない生き方

なぜこの本を書いているのか？

それは、あなたにも、**他人が絶対に真似できない生き方**をしてほしいからだ。

そういう生き方をすることが、これからの人生の可能性を大きく広げてくれるし、これからの時代ではそういう存在が絶対に求められる。

すでに話したとおり、オレには、自分の職業的肩書きだけでも、いくつもの自分を語る言葉がある。「なにものでもあり、なにものでもない」というヤツだ。そしていずれの領域でもプロだ。正直、ほんの少し前までは、こういう生き方は世間が認めなかっただろう。

だが、現にオレがやっているとおり、それは「できる」。

そんな唯一無二で、真似をしたくてもできないような生き方。

それをキミもはじめてみないか？　というのがこの本の趣旨だ。

こんなふうに個性的な生き方をしているからか、「なんで起業したんですか？」とか「なんで音楽をはじめたんですか？」とか「なんで本を書きはじめたんですか？」とか「理由」を聞かれることも多い。

ぶっちゃけ言うが、オレはこの生き方を何かたいそうな崇高で高尚な理由でしているわけではない。完全なる「不純な動機」からはじめた。はっきり言って、何かをはじめるのに、たいした動機なんてなくたって全く構わない。「やりたいからやる」。そして「やりたいことをすべてやる」。

オレはそんなふうに完全にわがままにやってみただけだ。

自分の心の音に素直に、忠実に生きてみた。

そしたら、人と圧倒的に違う、ユニークすぎる人生がはじまった。

自分にしかできないことを追求し続けたら、いつのまにかそれは世界で自分にしかできないことにまで昇華されていった。「原田翔太」、それがオレの仕事だ。

他に言葉がないからそう言うしかないのだが、そのような「自分にしかできないこと」を追求した唯一無二性のことを、オレは**「絶対領域」**と呼ぶことにした。

これからの時代では、この「絶対領域」を持っている奴だけが成功できる。

そう思ってる。

己が何者であるか？　何者になれるか？

そんな「自分探し」に迷い、自信を失い、自己啓発セミナーや、変な宗教などにはまって抜け出せなくなってしまっている若い人たちも多い。

はっきり言っておく。

何者であるかという問いは、動き出したその先に、自らの内側に自然と見出すものだ。

動き出す前から禅問答のような問いをはじめてみても答えがでるわけがない。

正解を他人に求めても答えは出ないぜ。

お前はお前のやり方でやればいい。

自分が信じる「これ」ってやつを貫くんだ。

そしてお前だけのあり方を世の中に示してほしい。

間違っても、誰かのお仕着せのような「成功のテンプレート」をなぞるような生き方だけはしてほしくない。

猿真似の人生で得られるお仕着せの安っぽい満足よりも、自分の生き様すべてをかけて全力でやりきる生き方のほうがよほどきっと満足して死ねるはずだ。

「自分」というのは最小単位の宇宙だ。

その生命には、意味も価値も役割も、書き込まれている。

ある人はそれを「天命」だとか、「使命」などと言ったりする。

表現はなんでもいいが、とにかくその「自らに与えられた命の意味」、これを自らの中に見出していこう。そして育てていこう。それがあなただけの、唯一無二の「絶対領域」となる。

全世界に70億人いるうちのたった1人。他の誰でもない「あなた」という生き方をしてほしい。そう思う。

コモディティ人間を卒業しよう!

じゃあその真逆の生き方は何か? それは**コモディティ人間**だ。

コモディティというのは「取替えがきくようなヤツ」という意味だ。

言い方は悪いが、それはつまりは、コピー人間。「つまらないヤツ」の代名詞だ。

しかし、残念なお知らせがある。

この本を手に取っている人の大半は、現時点ではおそらく「コモディティ人間」なんじゃないかと思うんだ……ごめんな、口が悪くて。

でもだよ？　考えてみてほしい。

あなたは今、本当に自分しかできないことをして生きているだろうか？

誰にでも胸を張って、「これがオレの生き方だ！」と堂々と誇れるだろうか？

大半の人の答えは「ＮＯ」なんじゃないかと思う。実際、世の中の大半の人は、他でも替えがきく、あるいはコンピューターでも代用可能なことをして生きている。

オレに言わせれば、そんな生き方は「クラゲ」と一緒だ。

自分の主体的な意思なく、そこらへんをふわふわ漂っているだけなんだから。

「コピーできること」をやっている限り、コンピューターには敵わない。

むしろ、これからの時代はコンピューター以下の存在になってしまう危険性だってある。

誰でもできる仕事は、基本的に労働賃金が安いところにまず流れる。ワープアの構造がここに生まれる。そのあと、仕事のプロセスが自動化できるようになると、人間からコンピューターにその作業が取って代わられる。今盛んに議論されている「ＡＩ」が発達した先の未来というやつがそれだ。つまり、「コピー可能な誰でもできること」をやっている限り、やがて時代が進むほどに代替可能な存在＝コモディティになりさがる。

コモディティには自分だけしかできない「替えのきかない価値」なんてものはない。誰がやっても一緒＝コモディティってことだからだ。

すぐに誰かに、何かにとって代わられてしまう危険性を孕んでいる。コモディティ化するということは、自ら自分の価値を希薄化するようなものなんだぜ。

資格＝コモディティ

それなのに、未だに多くの人たちは資格を求める。

公的に「能力がある人間です」と認めてほしいのだろう。だが、もはや「資格を持っている」ということが、そのまま、その人に価値があるということのパスポートにはならない。むしろ、**「自分は代替可能な存在です」というラベルを貼って歩いているようなもの**だ。

資格というのは「既存の枠組みにおける構成要員である」という証明でしかないからだ。能力がある、ということを指し示す1つの指標になるかもしれないが、資格であなた自身の価値が評価されることはまずない。資格こそ、コモディティ化への第一歩でもあるんだ。

ちなみに、オレは資格といえば15年以上前にとった英検1級くらいしかない（英検には確か期限があったから、もう無効なはず）。そのほかには、自動車免許すら持っていない。学歴は、大学は留年5回、3回中退しているトンデモ具合。だから、最終学歴は「高卒」だ。ベンチャー企業に潜りこんで、正社員以上に働いていたこともあるが、正式な形で正社員雇用をされたこともない。

つまり、**資格、学歴、職歴という経歴至上主義的な観点から見れば、オレという人間は社会的落伍者**だろう。社会の最底辺にいてもおかしくない存在だ。

だが、面白いことに、資格の有無だけで人生は決まらない。

さきほども話したとおり、様々な業界、領域でぶっ飛んだ成果を挙げてきた。

何も資格なんかなくたって、余裕でオレくらいのことはできちゃうんだよ。それを知ってほしい。むしろ、仮にオレに立派な資格や学歴や、職歴があったら、こういう生き方はしていなかったとも思う。そしてつまらない人生になっているかもしれないなと思うことがある。

だから、むしろ「何もなかった」ってことに感謝しているくらいだ。

何もないヤツが活躍できる！

これからは、むしろ、そういう人間のほうが活躍できる。資格や、学歴や、職歴で「経歴武装」した表面的なエリートでは全く歯が立たなくなるだろう。そういう時代になりつつある。

必要なのは、**圧倒的な自分だけが生める価値＝「絶対領域」**を持っているかどうかだ。言い換えれば、「個」が極大化した先に生まれるその人の価値観や世界観が、世の中に対してインパクトを与える時代になりつつあるということだ。

オレたちは、「みてくれ」よりも、実質的な価値を生みだす人間にならなければいけない。コモディティ人間を卒業して、自分だけの価値＝「絶対領域」を生み出しちゃおう。

それを世の中の人たちに手渡せば、新しい世界が生まれるよ。

すでにそういう生き方をはじめて、自分にしかできないことをやって、自分だから生み出せる価値を世の中にばら撒いている人たちはいっぱいいる。

あとはオレたちがはじめるかどうか。もはやそれだけの問題なんだ。

「はぐれもの」の時代がやってくる！

未来予見分野において、斬新かつ先進的な提言を生み出すことで、多くの有識者から絶大なる支持を受ける世界的な思想家・オピニオンリーダーであるダニエル・ピンクは、「これから活躍する人」ということについて、次のように3つの条件をあげている。

・「境界」を自分で超えていく人。
・何か「発明」できる人。
・巧みな「比喩」が作れる人。

どうだろうか？　……少し抽象的だよね。
オレの言葉でわかりやすく噛み砕くとこんな感じだ。

1つ目は、オレの言葉で言えば**「異世界と握手」**できる人。
様々な世界を股にかけ、自由自在に行き来できるボーダレスな人だ。

2つ目は世の中に**「まだないカテゴリ」**を生み出せる人。
世の中で誰もまだやったことがない領域に、エポックメイキングな全く新しい価値を生み出せる開拓者だ。

最後は、少しわかりにくいかもしれないけど、**世の中との「接点」をコミュニケーションで作り出せる人、そういう表現ができる人**ってことだ。これから必要なのは、こういう武器なのだ。

これら全部をひっくるめてオレの言葉で、一言で言うと**「絶対領域」**を持っているかどうかということだ。これがこれからの世の中で活躍するために重要なキーワードだということがわかる。すなわち、これまでの既存のフレームに囚われることなく、自由自在・縦横無尽に動き、世の中にまだない価値を生み出し、届けることができる人。そして、そういうスキル。

これがこれからの人間においてコモディティ人間を脱し、他の人では絶対に代えがきかない唯一無二の価値を持った存在になるために必要な条件なのだ。

他人の真似ではない、自分だからこそ生み出せるもの。そのやり方、あり方。

これからのオレたちに必要なのはこういう武器だ。

間違っても「なんとか士」みたいな国家資格だとか、「なんとか検定2級」とか、そういう資格じゃない。そういうことじゃない。

実際に、「絶対領域」を持つ人の多くは、徒手空拳で戦う丸腰の人たちのほうが多い。「絶対領域」を持つ人たちは、資格や免許などの社会的な証明《ラベル》に頼ることなしに、自分が見つけてきた真実や、正しさを世の中に拡散できる。

これは歴史を見ても明らかだ。これまで歴史に名を刻んだ人の多くや、業界に新しい流れを生み出した人たちの多くは「無資格」な**「はぐれもの」**たちだ。実際に、過去に存在した革命家やら、史実上の偉人たちの大半が権力体制とは真逆の、無資格・無免許状態のままこの世に名を残しているだろ？　そういうゲリラたちというのは、弁護士やら会計士やらのような高度な社会的証明要素は持たないし、信頼ラベルみたいなものは持っていないけど、そういったもので武装しただけの「エリート」たちを遥かに超越した巨大なインパクトをこの世に生み出してきたわけだ。

……さて、ここで１つ質問だ。

（1）資格や免許を取り、社会のルールに従い、自分を押し殺すことで無難に世の中の成功の定規に自分を当てはめていく生き方と

（2）無免許・無資格かもしれないが社会を相手に「自分らしさ」を軸にして自身の価値を認めさせダイナミックに世の中に「新しいスタンダード」を生み出していく生き方

ぶっちゃけ、どちらのほうがワクワクするだろうか？

答えは明白だよね。後者しかありえない。

オレたちみたいなゲリラは、エリートとは違う戦い方をしなきゃいけない。

だって、エリートたちと同じベクトル上で競い合う限り、社会に埋もれ、不平不満を漏らしながら、歯車の一部を担って生きていくのが関の山だよ。

でも、そんなゲリラなオレたちだからこそできる戦い方がある。

それは、**社会が規定した規格品から外れてしまう**ことだ。

規格外品、つまり**「はぐれもの」**になるってこと。自分自身の手で、社会が押し付けてくる「ラベル」を拒否し、そこからはみ出す。そんなはみ出してしまった「はぐれもの」だからこそできることをやる。そういうはみ出した位置から生み出すものっていうのは、社会にとって全く新しい、「まだないカテゴリ」になりうる。つまり、全く新しい価値を生み出す可能性になる。自分のスタンダードが、世の中の次のスタンダードになるかもしれない。

そういうものを生み出して、世の中に広げるんだ。

そういうふうに、世の中に新しい価値を生み出せるのは、既存の社会的な枠組みに囚われる必要がないオレたちみたいな**「はぐれもの」**だけに与えられた特権なんだぜ。

だからもう、コモディティ人間は卒業だ。絶対領域を持つ「キミ自身」で戦えるようになろう。そこで見える景色は、あなたがこれまでに見たことがない、圧倒的に刺激的でワクワクしかない毎日なんだ。**資格や証明書なんて、幻想**だよ。誰かが作った「規格品」量産システムだ。

そんなものにしがみついてても、君の人生は1ミリもときめかないって。

だから、さっさとキミも**形式的な社会規範による安っぽい武装なんて手放しちゃおう。**

そんで、自分のルールを世の中に認めさせちゃおうぜ。

はぐれたら、認められる！

これからは、**「はぐれもの」**の時代だ。

社会が規定するラベルをはがして、同一線上の評価軸からずれた「はぐれもの」がとんでもない活躍をする。そういう時代になる。

オレ自身、「はぐれもの」になることで、驚くほど現実が変わった。

1つ、例をあげてみよう。

例えばなんだけど、オレのところには、ひっきりなしにこんなメールが飛び込んでくる。


「原田さん、こんにちは。私は福岡で、食品通販会社をやっております。現在年商で12億くらいになりました。ただここ数年、これ以上どうやって成長させていったらよいか考えあぐねている状況です。原田さんにうちを見て頂きたいのです。マーケティングのご相談をさせ

ていただけないでしょうか？　お代なら言い値で構いません。本気ですので、ＯＫであればご指定の時間に合わせて、飛行機を手配して、そちらに伺います。どうぞよろしくお願いします。お返事お待ちしております」

見ての通り、経営やビジネスの相談をお願いしたいというメールだ。今で言うＤ２Ｃ的な領域でダイレクトマーケティングというのを専門にして長いことやってきた。

オレがこういう相談を受ける場合の相談料は、**クソ高い。**

隠さずに言うけど、２時間で20万円だ。これは、そこらの弁護士相談報酬より高額な値段だ（ちなみに弁護士の場合はだいたい１時間５万円くらいが相場）。

日時はこちらが一方的に指定し、相手がどんなに大企業だろうが、基本的にオレの秘密基地（事務所）まで来てもらう。

こんな超傲慢なスタイルでやっている。

オレのやり方は、おそらくコンサルタント業界的には、完全に「はぐれもの」だ。

終始こんなスタイルだし、最近ではスーツすら着なくなった。革ジャンを着て、破れたジーンズを履いたままお客さんの相談に乗ることもある。お客さんの中には上場企業経営者なんかもいたりするけど、ビシッとスーツで決めた人たちがズラッと並ぶなか、ラフな格好をした兄ちゃんが、なぜか経営コンサルティングをしているわけ。どっからどう見ても、完全にふざけてるでしょ？（笑）

「こんなんでお客さんが来るのだろうか？」と不思議に思うかもしれない。

でも、心配ご無用。ありがたいことにお客さんは絶えずやってくる。

この原稿を書いている今も、アシスタントの子から、新規で相談に乗ってもらえないかというお客さんからの依頼メールが転送されてきたところだ。

こんな具合で、お客さんには全く困ってない。

何度も言うけど、オレには何も公的な資格はない。経営コンサルタント業を確かにやっているが、その根拠は何もない。自分で言っているだけだ。学歴は高卒だし、国のコンサルタント資格である「中小企業診断士」なんて持っていない。自慢じゃないが、たぶん受験したところでぶっちぎりのビリで落ちる自信がある。当然ＭＢＡ（経営学修士）なんていうエリートコンサルタントとしての証明書もあるわけない。

オレは、無資格、無許可の開業医。

言うならばマーケティング界のブラックジャックみたいなもんだ。

公的な証明は何もないが、自分で言っちゃなんだが、とにかく腕はいい。ハートも熱い。

だからそれを知ったクライアントが全国からオレを求めて名指しでやってくる。

かなり著名な企業からも、相談に乗ってもらえないだろうか、定期的にうちに来て一緒に考えてほしい……という依頼がきたりもする。こういう「はぐれもの」だからこそ世の中に生み出せる「違い」が今求められているのだろうなと思う瞬間だ。むしろ「はぐれもの」だからこそ、彼らが今求めている価値を提供できているのかなとも思う。

オレだって、ビビリだった

こんなふうにやりたいことをやれとか、徹底的にガンガンいけとか、偉そうなことを書いているオレも、実は昔はビビリだった。今でこそ偉そうに「はみ出せ」とか言っているくせに、オレも昔はうまくはみ出せなかったし、はみ出して「はぐれもの」になるのは怖かったときがあった。正直ただのチキン野郎だったと思う。「はみ出したら、世の中から認められなくなってしまうんじゃないか」という恐怖があったし、はみ出したら、「自分の周りの世界が変わってしまうんではないか」という思い込みで、動けなかった。そんなものはしょせん、幻想にすぎないのだし、「はみ出したもん勝ちだ」ってことは頭ではわかっちゃいたんだけどね。

とにかく、オレもそんなモヤモヤとしたギャップに悶えながら、常識の枠からはみ出せない中途半端なヤツだった。少しばかり自分が「変な奴」だってことは薄々感づいていたけど、どちらかというと「みんながこうだからオレもそうしよう」と努めて周囲と同化しようと頑張っていた。

だからこの時期は、狭間で苦しかったよ。悩んだね。

「はぐれもの」でも、真面目人間でもない、どちらつかずの状態だったから、いつも自分が揺れていた。「はぐれもの」として生きるか、世の中の規定路線の中で自分という存在を定義したほうが楽だろと思う自分との間で分裂して、揺れていたんだ。

「はみ出ちゃいけない。世間にちゃんと認められるような生き方をしなきゃ……」

強迫観念みたいにそう思えば思うほど、有《あ》り体《てい》な常識の範疇のスケールでしか、自分の未来を描けなくなっていった。自分にはまともな学歴がない、資格もない、職歴もない……「自分を証明するもの」が何もないと思った。しかも、たちが悪いことに、なまじっか中途半端にはみ出しているから、世の中の尺度が気になってしょうがなかった。

そんな「ビビリでチキン」な自分が変わったのは、ちょっとした「事故」がきっかけだった。

今から、そんなへなちょこ時代のオレの大失敗と、そこからどうやって這い上がってきたかという話をちょっとだけしようと思う。

バンドで300万円をだまし取られ起業家に

オレの若いころの夢はバンドで成功することだった。自分の作った音楽でみんなをドカンと喜ばせて、バンドで食っていきたかった。そんな未来を夢見て頑張っていた。

だが、あるときバンドで続けていくのが難しくなるようなトラブルに巻き込まれた。

簡単に言うと、オレがバカで、うさんくさい自称プロデューサーとおかしな契約を結んでしまったんだ。細かい話ははしょるが、プロデュース料として300万円を用意しなければいけなかった。当時、まだ学生だったオレに当然そんなお金はない。そこで、オレは消費者金融や学生ローンなど、あらゆる手段を使ってお金を工面した。

「これさえ払えれば、オレたちの音楽は世の中に出られる！」と信じていた。正直、バカな妄想で頭がいっぱいだった。完全なるお花畑状態のまま、とにかくがむしゃらにお金をかき集めた。なんとかして、金策は成功し、自称プロデューサーに支払いをすることができた。

しかしその後、プロデューサーはぱたりと雲隠れした。そしてオレには借金だけが残った。

絶望だったよ。正直、「人生終わった……」と思った。なんせ一介の学生が、返す当てもない借金を背負ったわけだった。その時点で、オレはシンプルに終わったと思った。

悩みに悩んだ結果……オレはギターを置いた。

当然、猛烈に悔しかった。

学生に借金３００万円は重い。

とてもじゃないが、バイトで返せる額ではない。輝かしい未来を妄想したり、キラキラした夢を追いかけたりしていられる状況じゃなくなった。

だが、オレは諦めきれなかった。「自分の表現で食っていく」という道を必死で模索した。

人生が変わりはじめるときなんて、たいていがこういう「事故」みたいな強制力のある出来事がきっかけになるんだよね。

絶望の果てに、狂ったら突き抜けた！

もう少しだけ、オレ自身がどういう感じで自分の「生き方」と「お金」を両立できるようになったかを話しておきたい。どんな具合にオレ自身が裸一貫からはじめて、「絶対領域」を確立し、職業＝「原田翔太」になってきたかという点に注目してほしい。

オレは借金まみれの19歳のときに商売をはじめて、21歳のときに会社を設立した。

そして、22歳のときには1億円を稼ぎだすようになっていた。

19歳の起業当初は、実はまだＩＴとかインターネットとは全く無縁の世界にいた。

オレの一番最初の起業は、「英語翻訳」の仕事からスタートしたのだった。

そこから、出版社に声をかけてもらって雑誌の編集の仕事をする機会を得た。立場は業務委託だったが、女性のライフスタイル雑誌を作ることになった。

会社全体で20名くらい、雑誌を作っているのはオレを含めてたった6名の小さな編集部だったが、小さいので何でもやらせてもらえた。学生のうちから巻頭特集を1人で担当させてもらったりもして、すごく良い経験になった。

その仕事だけでは、とうてい借金は返せなかったので、歩合でインセンティブがもらえる営業の仕事を土日にした。いわゆる飛び込み営業というやつだ。そこで何百軒もの個人宅を訪問して、瞬間瞬間で人と関わるという「居合抜き」のような経験を積んだ。最初はからきしダメだったが、コツを掴んでくるとみるみるうちに成績は伸びた。

こんな具合で、起業当初というのは借金漬けの中、自分の英語翻訳の事業と、出版社での編集の仕事、歩合の営業の仕事と、いくつもの仕事を掛け持ちしていた。週7で働いていたので、当然、息つく間もないくらい目まぐるしく、忙しかった。休みなどないわけで、気も身体も休まる暇などなかった。とはいえ、借金があったので四の五の言っていられない。とにかく頑張るしかなかった。正直かなりきつかったから、いつかこんな日々から抜け出してやると毎日のように誓った。

そんな中で、あるとき自分の中で「ビジネス」というものの「利益を生み出す仕組み」というものが見えた瞬間があった。その当時、オレは普段、編集者という立場で雑誌という「メディア」を作るという仕事をしていたわけだが、自分が働く隣では雑誌に掲載するための広告営業をする人たちがいた。彼らを見ていたら、仕組みが見えた。

「そうか、メディアというのは、媒体があって、そこにコンテンツがあって、広告があるとビジネスになるのだな」ということに気がついた。

自分に何か同じようなことができないだろうか？　と考え、オレは「東京カフェスタイル」というウエブメディアの構想を思いついた。ただ、実を言うと、ぶっちゃけこの当時はまだ「Ｗｏｒｄ」の使い方くらいしか知らなかったんだよね。（苦笑）　そこで、出版社の仕事帰りに本屋に立ち寄り、ウエブサイト制作の技術書を買い込んで、夜な夜なサイト制作ということの知識をかじりつくように学んだ。

そしてウエブサイトを作りはじめた。まずはひたすら文章を書きなぐってみた。そして、本で覚えたことを、その日のうちにすぐに実践して、自分が運営するウエブサイトをどんどん発展させていった。来る日も来る日も、自分が思いつく限り、自分が語ることのできる限り文章を打ち込んで、デザインを作って、コーディングをして……とにかく、ゲロを吐きそうになるくらい、狂ったようにウエブサイトを作り続けた。

この当時のオレにとってインターネットというのは、全く未知の世界だったが、自分が1つずつできることが増えていくこと、そしてそれが世の中の誰かの目に触れるということが純粋に嬉しくて、「寝ても覚めても」ウェブサイトのことを考えるようになった。

文字通り、寝る間も惜しんで、飲まず食わずで一心不乱に作業をしていた。

気がついたときには、自分が管理するサイト数は100を超えていた。そこから上がる売り上げも比例して上がっていった。

「東京カフェスタイル」もそうだが、この頃はとにかく無尽蔵に自分の頭の中に湧いたアイディアを形にするというのが楽しくてしょうがなかった。気がつくと、ものすごい数のウェブサイトを作り、運営するようになっていて、収益も上がっていたという感じだった。

そんな中で、より本格的にウェブメディアというものを極めてみたいという気持ちが強くなった。

そこでオレは、ITベンチャー企業（今風にいうと「スタートアップ」というやつだ）に潜り込み、修業することにした。

色々紆余曲折はあるのだが、最終的には、当時モバイルサイト（当時はまだガラケー文化）の人気サービスを手掛ける小さなベンチャーの中で、有名なポータルサイトの運営担当をやらせてもらったりした。サービス自体はとても歴史があり、有名だったが、実質的には「1人事業部」で、文字通りウェブサービスの設計から開発、運用までオレ1人で手掛けた。

その会社での月の手取りは13万円と正直かなりの薄給ではあったが、20歳そこそこの若者では通常任せてもらえないような大きな仕事と権限が与えられていたので、「これはいい修業だと思って頑張ろう」と思って取り組んだ。

当然昼間はベンチャーでの修業をしつつも、夜になると自分の運営しているサイトを作るという生活が続いた。ひたすらそんな毎日を続けていたら、いつのまにか自分が運営するウェブサイトからの収入がちょっとバカにできない額になっていた。当時でおおよそ150万円程度だったと思うが、いち大学生が、しかもウェブビジネスの黎明期のような時代でこのような収益を上げるというのは割と珍しい存在であったとは思う。これがだいたい2005年くらいの話だ。満を持して、その会社を辞め、いよいよ本格的にオンラインビジネスを軸にした自分の会社を作るために動き出そうと腹が決まった。

このようにして苦心しながら全力でもがいて自分なりの小さな成功をもぎ取った。

文字通り1人の若者が、「武器」を手にして自分の人生を変えたわけだから、自分にとっても、これはちょっとした自信になった。

本当に色々とあの手この手を尽くしての末だったから、自分が通過してきたプロセスや、うまくいくまでにやったことなどの経験を誰かにシェアしたら後に続く人たちの参考になるのではないかと考えた。

22歳で1億円を稼ぎ出した！

そこでオレは、その経験をもとに、コンサルタントとしての活動をはじめた。一番最初のクライアントは、表参道にあるとあるジュエリーブランドだった。そこから表参道のアパレル界隈の経営者の間では「若いけどウェブマーケティングに詳しい子がいる」とちょっとした評判になって、色々なブランドのウェブマーケティングに携わらせてもらった。

そうこうしている中で、２００６年には、「オールアバウト」という有名なポータルサイトで公式ガイドとしてウェブマーケティングのコラムを執筆させてもらえることになった。00年代中盤当時というのは、まだまだインターネット上の情報というものの量も質も、今には到底及ばなかった。その中でオールアバウトというメディアではちょっとした権威性のあるオーソリティメディアとして君臨していた。当然それなりに信頼性の高い専門家しかそこでの執筆はできなかった。だから、そのサイトのコラムニストというポジションを手に入れるということは、ある種「品質が保証された信頼できる専門家」としての証明書を手に入れるようなものだった。その仕事を通じて、日本を代表する有名な企業、例えば上場企業の家電メーカーや、コンテンツ系の会社など国内の有名企業から次々とオファーがあり、22歳の現役大学生にしてそういった著名企業のコンサルタントとして腕を振るう機会を得た。今考えてもちょっとした夢物語のような感じではあるが、**自分が小さな自室からはじめたことが、誰もが知っている会社の人たちにも求められるというのは、率直に嬉しく、やりがいのあることだった。**

この時期に、本当に様々な業界、様々な会社のビジネスを覗き見することができた。あくまでコンサルタントとして関わっているので、その会社の社員になったというわけではないけども、外部からその会社のリアリティのある現場を覗く中で、いつしか、どんなビジネスにも共通する要所というものがあるのだなということに気がついた。自分の持っている経験やスキルが、どの業界の人たちの前でも役に立つなということを確信し、自分の自信に変わっていった。

当時の若手マーケターの中では、桁違いに大きなクライアントを相手にし、活動をしていることから、有名な出版社から声がかかり、マーケティング書籍の出版が決まった。こんな経緯から、オレの処女作『ありえないマーケティング』という本を世に出すこととなった。この本には「日本一のマーケター」と言われる神田昌典さんという著名な経営コンサルタントからも推薦帯をもらい、とても有難い形で、公に自分の名前を標榜するきっかけを頂いた。このこともまた話題を呼び、ベストセラーになりにくいといわれているマーケティング書ジャンルでは異例の、リリースして半年で2万部というヒット作品となった（今だから言える裏話ではあるが、この本を出した後、わずか1年でなんと肝心の出版社が潰れてしまって、この本は絶版となり世から消えることとなってしまったのだが……）。

若くて優秀なウェブマーケティングのコンサルタントというだけならごまんといそうなものだが、他のライバルたちを差し置いてこの時代にオレが若手で最も出世頭となれたのは、**「絶対領域」**を意識して動いてきたからだと思っている。例えば、一般的な世の中の優秀なコンサルタントたちとの違いを言えば、オレの場合、自分自身の手で自らウェブサイトを無尽蔵に作って運営し、成功させてきた、という実存的な体験があるということだろう。世の中のコンサルタントの多くは、「学校の勉強が優秀」だった優等生たちでしかない。特にこの時代のインターネットの世界なんて、まだまだ整備されていない未開拓地みたいな感じだった。机上の空論のような理屈を並べるよりも、実際にウェブサイトの管理人としてゼロイチを何度も作り、サイトを運営してきたという実存性のほうがよほど説得力があったわけだ。特に、ゼロから立ち上げて、人気サイトにまで育て上げていく技術というものをリアリティのある形で何度も経験してきた人物というのは、当時のインターネットの世界でもそういなかった。当時のオレの「絶対領域」はそこにあったわけだ。それが評価されて、多くの仕事の機会に恵まれた。

２００７年頃には、その経験を元に、サイト運営の秘訣を教える勉強会を立ち上げることにした。今で言う「オンラインサロン」みたいなものをイメージしてもらえばいい。それまでは一対一で対応して教えたり、アドバイスしたりしてきたことを、講座のような形式でやったら一度に大勢の人を相手にできるし、そちらのほうがスケールメリットが出やすいのではないか？　と考えたわけだ。

結果的に、そのときにつくったコミュニティは、受講者が１０００名を越え、ちょっとした人気となった。おそらくだが、今で言う「オンラインサロン」的なものだとしても、１０００名の有料会員というのは相当なものだ。２００７年当時としては日本最大の規模を誇るコミュニティとなった。書籍も立て続けにオファーが舞い込み、知名度はどんどん上がっていった。この時期になると、ＳＭＢＣ（三井住友グループ）の研修会社から声がかかり、同社の史上最年少講師としてＳＭＢＣグループの顧客向けの研修講師として講師登壇をしたり、全国の商工会議所や大学などからも講師を頼まれたりと、様々な現場で、多くの場数を踏ませてもらった。おそらく、20代前半の個人コンサルタントでこれだけの経験をした人間もまあいないのではないだろうか。

次々とビジネスを成功に導く

２０１０年頃からはこれまでいつも伝えてきたことをネット上に無料で公開しはじめた。有料でも、無料であっても、変わらない品質で自分の考えや言葉を世の中に届けはじめた。

ちょうど時代はクリス・アンダーソンが『ＦＲＥＥ』という本を出して、「無料経済」という概念が叫ばれだした頃くらいだ。今で言うところの「限界費用ゼロ社会」の最初期がこの時期だろう。

その活動ははじめてから2年間くらいで累計で5万人のオーディエンスを巻き込むことができた。今のような「ＳＮＳ」という見える形でやっていたわけではないのだが、フォロワー数5万と考えると、今で言う「インフルエンサー」の走りみたいな存在だったのではないかと思う。

特筆すべきはこれを、**ＹＡＨＯＯやＧｏｏｇｌｅのような大手メディアへ広告出稿などしたりせず、すべて口コミだけで集めた**ということだ。とにかく個人でも再現できるようなやり方、あり方で回し切るという点にこだわってやった。

どうやったら、最大限のインパクトを世の中に与えられるだろうか？

これが、マーケティングという道を追求してきたところの、オレなりの美学でもあったりする。さらに、この活動を母体として、オレの音声講義が毎月届くという今で言う「オンライン授業」をはじめた。最近でこそライブ配信や、映像や、音声で「オンライン授業」というのは一般的になったが、これも相当な草創期からやりはじめたと自負している。２０１１年にはじめたその取組みは、半年程度で約４５００名の受講者が集まり、当時国内では史上最大規模の受講者を有するビジネス系オンライン講座となった。今でこそ「オンラインサロン」も「オンライン授業」も一般的になったが、当時こういうことをやっている人はほとんどいなかった。いわばパイオニアであり、その当時としては、おそらくこの分野において日本一だったのではないかと思う。

その後、社会人向けのリカレント教育分野に進出した。「大人の大学」というスクール・コミュニティを立ち上げた。これは、今で言うＮｅｗｓＰｉｃｋｓアカデミアみたいな感じをイメージするとかなり近いと思う。毎月、超党派で様々な分野の一流の専門家たちから、その時々の旬なトピクスについての知見を学べたり、リベラルアーツ的な教養を吸収できる、といった趣旨を掲げたコミュニティ＆スクールだった。講師には、世界的なデザイナーや、国民的人気番組を手掛けた放送作家、社員36名で年商７２０億という驚異的な業績を誇る日本のレアメタル王、イケア・ジャパンの社長など、国内でも超がつく一流どころをお招きした。いずれの講師も存在自体が唯一無二の「絶対領域」を持った人たちばかりだった。この活動も年商で２億弱くらいの規模にはなったのだが、少し時代が早かったかなとも思うが、むしろ「今の時代」であっても十分価値ある場づくりになっていたと自負している。

こんな感じでオレは、一貫して「学び」の領域のことをやってきた。現在では、「未来書店」という起業家や経営者が普遍性の高い実学・教養を学べるプラットフォームを作っている。

著名なところでは、元Ｇｏｏｇｌｅの日本社長であった村上憲郎さんや、元Ａｐｐｌｅの日本社長であった原田泳幸さんなどといった、日本を代表する経営者たちから直接教えを受けることができる機会を提供している。まだ小粒ではあるが、流れの早い業界にいたからこそ、時空を超える「普遍的な学び」を、ビジネスリーダー層にしてもらいたいという視点でやっている。

また、医療の分野でも「リハデミー」という医療教育事業も手掛けたりしている。このサービスは理学療法士、作業療法士、言語聴覚士などいわゆる「リハビリテーション医療」領域に従事するプロのコメディカル医療人に対してオンライン授業を提供するというもので、狭い業界ではあるものの業界トップクラスのシェアを誇っている。

オレは、好きなことをやってみた

他にも、オレはアーティストという顔も持っている。これもだいぶルール外れなスタイルでやっている。オレは特にそれまで専門教育を受けたわけでもないし、ずっと街場のライブハウスや路上で精力的に活動をし続けていたとか、有名なオーディションで合格したとかもないし、敏腕プロデューサーの眼にとまったとかでもない。

デビューしたのは、29歳のときだった。これは、音楽業界的な立場からすると「賞味期限切れのおっさん」みたいな奴のデビューである。大半のアーティストは10代後半から20代前半のうちにデビューする。29歳というのは相当に遅い。これだけで相当異質な新人アーティストと言っていい。

さらに言えば、オレがバンドを組んで現場で音楽をやっていたのは今から10年前。つまり音楽から離れてブランク10年の時間が経っていた。しかし、**活動を再開してから、わずか2週間で突然デビューの話が決まっちゃった**の！

プロのミュージシャンになりたいと思ったのが中学生のときで、それからずっとバンド漬けで19歳までやってきたから、実に10年越し以上の夢が叶ったわけ！　自社を芸能事務所として大手レコード会社からメジャーデビューした。アマゾンで1位、オリコンチャート入りも果たすことができた。しかも、これをやってのけたのは、オレ1人と、関わってくれた部下1名だ。

わずか2人の事務所でこれをやったというわけ。単独登頂をしたという点で、過去に例のないメジャーアーティスト像を世の中に示せたのではないかと思う。

こんな話をすると、「特殊な人脈があるんじゃないか？」とか、「原田さんはビジネスで成功しているから何か裏技があるんでしょ？」とか勘ぐられるかもしれない。

だが、そんなものは一切ない。条件はみんなと完全に同じだ。

むしろ巷のバンドマンなんかよりもよほど分が悪い。なにせ10年も何も音楽活動をしていないわけだよ。ギターを弾く手はギチギチで全然思うように動かないし、ドラムもアンサンブルに合わせるとだんだんずれてっちゃうし、歌なんてそもそもボーカルでやってきたこともないから、ほんとゼロから稽古をつけてもらいながらリハビリをした。

こうやって、1つ1つ丁寧に磨き直さなければ、ろくに人前で聴かせるレベルにすら届かないような状態からスタートした。だが、オレは「よし！　音楽活動を再開するぞ！」と心に決めてから2週間で、夢を現実のものにした。……いったいどうやってだと思う？

やりたいことをやりたい放題やって夢を叶えちゃう秘訣

オレがやったことはシンプルだ。レコード会社の人と初めて対面した打ち合わせの席で、こんな風に話したのを覚えている。

「正直に言いますが、オレは10年音楽をやっていません。だけど、一度社会に出た人間だからこそ、今だからこそ歌える歌があるとも思います。きっとオレみたいな奴が世の中に出ることで勇気をもらえる人たちもいるんじゃないかと。頑張るんでオレの歌を出させてほしいです」

……こんなふうに、とことんまっすぐに自分の気持ちを伝えてみた。

自分の紡ぐ言葉や音を世の中に届けるために何でもやるということを伝えた。

裏技は一切ない。正々堂々とメジャーデビューしたいという意思、そのために自分ができること、やれることを淡々と伝えた。そして、了承をもらった。それだけだ。

あっけらかんとしちゃうくらい何も裏がなくて悪いんだけど、好きなことをやるっていうことは、そういうことなんだ。

正々堂々と好きなことを好きだ、やりたいことをやりたいと伝える。

で、他人が自分にかけてくれた期待に答えるために、そしてなによりも自分が自分を嫌いにならないために、**全力で一生懸命**頑張る。

あと大事なのは、**空回りした情熱でなく、本物の情熱**で、ってことかな。

とにかく自分に気持ちをかけてくれた人たちのために頑張ろうと思うと、死ぬ気でやってやると思えるし、自分でもびっくりするくらい大胆でマッシブな行動ができるようになる。

そういう行動が、未来を切り開く。

次々と「不可能を可能にする」生き方

28歳のときには、出版社を作った。これもずっとやりたかったことの1つだった。

そもそも大学も文学部だったし、本が人より好きだったしたくさん読んでいた。自分自身もいつか本を書きたいと思っていたら、いつの間にか著者にもなっていた。書き手として出版の世界に関わるようになってから、今度は本を作るプロ＝「編集者」っていう人種をもっと理解したくなって、編集の学校に通った時期もあった。ここまでやる奴はなかなかいないと思う。

さらに、今度は編集を実際にやってみた。自社でやった講演を元に、1冊の本を作った。かなりちゃんとした上製本で、大学の図書館に置いてあってもおかしくない威風堂々としたものができた。600ページある分厚い原稿を、自分自身で編集。デザインも原案を考えて、いつもウェブの仕事を一緒にしているデザイナーとああでもない、こうでもないと言い合って洋書みたいで超かっこいいカバーができあがった。印刷会社を探してきて、紙見本を見せてもらって細かい仕様を詰め、発注。それを自社流通で販売してみたところ、売れまくってかけたコストの何倍もの黒字になった！

オフィスは天井までびちっと廊下一面が本棚になっていて、軽く数千冊の蔵書がある。どこからどう見ても本オタクみたいな感じだ。

尋常ではない「本好き」を何年もやってきた。

強烈に本というものに憧れ、関わっていく中で、あるときとても有難い声がかかった。世にミリオンセラーを連発し続けることで有名な「サンマーク出版」の植木宣隆《のぶたか》社長から、直々にマーケティングの顧問として関わってほしいと依頼を受けたのだった。いよいよ「著者」や「編集者」というかつて憧れた仕事を経験したのち、日本を代表する出版社から名指しで仕事の依頼がきたわけだ。これは、正直言って嬉しかった。大好きな書籍の世界で仕事をさせてもらえたし、その中でも指折りの名編集者揃いのサンマーク出版と仕事ができたのは、自分にとっても物凄く学ぶことが多い時間だった。今でも、あのとき声をかけてくださったサンマークの植木社長には感謝している。学生のうちに起業したため、さしたる「ボス」もいなかった自分にとって、社会における自分の「おやじどの」だと思える懐の深さ、器の大きな人物だったんだよね。ご本人にも直接そう伝えたことがある。とにかく、植木社長にはすごくかわいがってもらったことは今でも有難いなと思っていることの1つだ。

そんなこんなをしている中で、30歳を目前にしたとき、今度は自分で出版社を立ち上げた。社名は「イデアパブリッシング」。フォレスト出版で編集長を務め、過去累計1100万部の本をつくり売ってきた天才的な編集者・長倉顕太さんという方と一緒に作った会社だ。今はもう活動はしていないんだけど、この本の旧版「不純な動機ではじめよう」は実はその会社で作った本だった（それが青志社のおかげで今回このとおり新装版になって復活したというわけ！）。

普通の感覚からすると「一体どういうこと!?　次から次へと、よくそんだけ色んなことができますね!?」と不思議に思うだろう。

こういうふうに、次から次へと、頭の中に思い描いたことを現実のものとして実現させていくにはコツがある。といっても、たいして難しいものじゃない。すごくシンプルなことだ。

それは、**「自分の本当に好きなこと」に正直であるということ**。そして、それを現実のものにするために**「そのとき自分ができることをＭＡＸでやる」ということ**だ。少なくともオレはそうしただけ。そんだけだ。

でもね、これが実は簡単に見えて意外に難しいんだな。大半の人は、「本当に自分がやりたいこと」にも、「それに対してＭＡＸでやること」にも、どちらもろくに向き合わない。

わかるか？　これじゃダメなんだよ。

当たり前だけど、そんなぬるい温度感で動いているようだと、いつまでたっても「やりたいこと」は叶わない。イメージが顕現するときっていうのは、**「ただならぬ想い」**と**「ただならぬ行動」**とがセットじゃないといけないんだ。それがなければ大きな夢であるほど、永遠に実現なんてしない。

少なくともオレは、そうやって**「やりたいこと」に対して猛烈な純度の高さで、ピュアにまっすぐに向き合ってきた**と自負している。自分の想いにとんでもなく素直でいることで、人とは完全に違う生き方ができるようになった。一般常識では考えられないような、いくつもの「夢物語」を同時並行で進めて、それらが実現した。

この「同時並行」っていうのもミソね。

今の時代は「パラレルワーク」とかいうけど、パラレルっていうのは「並行」って意味だ。

「1つ1つ別々に」じゃなくて、全部いっぺんにだってやれる。

例えば、この本だって、音楽活動の新曲レコーディングが終わった直後に頭を切り替えて書き出している。同時にウェブ制作の仕事もしたり、プロデュースの仕事をしたり、クライアントへのコンサルティングや講演家として人前で話す仕事もやりながらやっている。もちろん、ライターなんて使っていないよ。全部自分で書いている。なんならこの本のブックデザインも自分で原案を考えたし、デザイナーやフォトグラファーも自分で探して指名して打ち合わせをして、ディレクションをしている（普通そういうことは編集者がやるものだけど、オレは自分でやりたがりなのでやっちゃう）。これはもはや完全に「自分がやりたいだけ」だから、半ば無理やりお願いしてやらせてもらったんだけど。（笑）

キミは、「普通こんなに同時にいくつものことをできないですよ」って思うだろ？

でもね、できる。実際にオレがやっている。それが一番の証拠。


オレは、そうやって、好きなことを徹底的にやってきた。そして「やってやる」とか「叶えてみせる」って思ったことは、だいたい全部実現してきたよ。

とにかく、徹底的にやってきた。それだけなんだ。

「徹底的に」ってのがミソだよ。今キミが思っている「徹底的に」の10倍くらい徹底的にやると、こういうことができると思ったらいい。しかし、たいがいの場合「頑張る」の度合いが足りていないことが多いんだよね。尋常ならざるレベルで、徹底的にやるっていうのは、ある種の狂気のようなものだ。その次元でやれば、「不可能を可能にする」こともできる。この「頑張り方」ってやつがわかったときから、すべてが面白いくらい叶うようになった。だから、シンプルなんだけど、キミももっと好きにやったらいいと思うよ。そして徹底的にやったらいい。

この本だって、オレは、書きたいから書いている。伝えたいから、伝えている。その猛烈な一途さが開く可能性というのは、計り知れないほど、大きい。

嘘だと思うなら、やってみそ。

不純な動機からはじめて、自分の居場所を自分で作る

既に少し話したが、ウェブサイト運営をはじめたばかりの頃、作ったうちのサイトの1つに、「東京カフェスタイル」というのがある。

これは都内を中心としたカフェを網羅して、「カフェの見本市」みたいなものを作るとい

う趣旨で運営していたサイトだ。もうだいぶ前から更新はしていないけど、当時で日本一のカフェ情報サイトとして成長した。関わる人も20名以上のスタッフたちが集って、とても盛り上がっていた。

このサイトの運営をしていたある日のこと。

オレのもとに、突然、1通のメールが飛び込んできた。

「運営しているカフェサイトについて、ビジネスとしてご相談したいことがあります。うちの事務所に一度遊びに来ませんか？」

メールの送信元は、業界ではそれなりに名の知れた、有名な広告代理店だった。

そこの社長から直接コンタクトがあったのだ。すぐに返事を出した。

翌週、オレは広告代理店の応接室にいた。

ドラマの中でしか見たことがない、キラキラした世界だった。首から社員証をかけたやり手風な人たちが、オレに会釈を交わして足早に通り過ぎる。

「すげーなぁ。これが広告代理店かぁ」

目に飛び込んでくるものを、キョロキョロと見渡しながら、あんぐりと口を開けたまま、通された応接間の黒い革張りのソファに腰掛けた。東京の片田舎から出てきたちんちくりんの小僧だったオレには、すべてが新鮮で、恰好よく見えた。

しばらくするとお茶出しをしてくれた社員さんと共に、部下を数名連れた「ご本人」が登場した。さわやかな笑顔の裏に、ギラっとしたアクの強さを感じさせる、いかにも「業界人」といった風貌の社長だった。

キミのサイトを買わせてくれないか？

ただし……

そこでの会話を簡単にまとめると、要はこういうことだった。『『東京カフェスタイル』に出資をしたい、最低でも数千万円は支援する。プラス、その広告代理店の持っているノウハウや、コネクション、人材などウチが持っているリソースをすべて提供してフル活用できるようにするから、キミのこのウェブサイトの企画をもっと大きなビジネスとしてやってみないか?」このような話が持ちかけられた（最終的には1億円以上の金額が提示された）。

ただし、条件として、株を一定以上持たせてほしい。すなわち、共同運営という形をとるが、社長は原田さんがやってくれればいい。意思決定なども創業者である原田さんに基本的に任せる。オフィスはウチのビルを間貸ししてあげるし、施設やスタッフなどはうちのリソースを好きに使ってもらって構わないという要望が付け加えられた。

はっきり言って、願ってもない話だった。業界の実力者がオレの考えたアイディアに自分のビジョンを重ねて熱っぽく語ってくれる。しかも金銭的にも環境的にも全面的な支援をしたいと言ってくれている。内心、すぐにでも飛びついてハグしたい気持ちだった。

しかし、男子たるもの、目先の興奮で尻尾をふって犬に成り下がるわけにはいかない。オレは必死でクールに「できる若手IT社長」を装って「ふんふん……なるほど」なんていう態度で話を聞いていたが、内心は心臓バクバクだった。手の震えがバレないように、机の下でぎゅっと握りしめながら話を聞いていた。

生涯でかつてないほど興奮していたと思う。

「まさにIT社長の成功自伝本に出てきそうなシーンだな」、とか思いながら話を聞いていた。社長の話では、「このビジネスは、うちのリソースやインフラを活かせば年商10億円くらいまでは簡単に伸ばせる。上場は……正直マーケットサイズ的に難しいかもしれないけど、非上場のままで利益を伸ばす形で運営していくには十分いいビジネスになると思っている」とのことだった。百戦錬磨の男がそう強く言い放つ姿に、オレは武者震いが止まらなかった。

結論から言えば、その話は結局のところ色々な調整があり、ご破算となったが、何も確たるところなしにはじめた自分の表現が、こうやって大きなビジネスとしての価値を認められたという経験はそのあとの自分の大きな自信になった（ご破算になった理由を書いておくと、お金につられて魂込めて作ってきたサイトを売り飛ばすということが、嫌だなと感じたからだ。こんななまいきで青臭い理由で有難い申し出を断ってしまったのだが、まあそう感じたのだからしょうがない）。

振り返ってみると、この駆け出しの時期に、オレは今につながるほぼすべてのスキルを身につけたように思う。そして、とても多くの人たちと出逢った。この、自分で活動をはじめた最初の2年くらいの間に今につながるほぼすべての礎となる経験をしたといっても過言ではない。

だまされたり、嫌がらせをされたり、助けられたり……色々あったけど、がむしゃらに動いてみて、やってみてよかったなと思っている。

ご存じのとおりウェブの世界というのは、この世で最も新しい産業の1つだ。

世の中で最も流れが早く、淘汰の波も厳しい。ITという技術から近年、世の中の仕組みは急速に変わりつつある。そういう世界に若い時代に飛び込んで、戦い、消えずに耐え抜いてきたという経験はわずか2年の駆け出しの時間の中で、普通の人が経験する密度の10倍はあったんじゃないかと思う。

とにかく、**この修業時代があったからこそ、今の自分がある**と言える。

流れに巻き込まれるな、流れを巻き起こせ

それが今から約15年前の話。当時と今では、ＩＴの世界は大きく変わった。「ＩＴ系」という言葉で表現できる意味の範囲は物凄く拡張したし、「ＩＴ系」が好奇の目で見られることもなくなった。その代わり、大勢の人たちがオンラインをビジネスに活用するようになり、競争は、途方もないくらいに激しくなった。

当時第一線を走っていて、今も走り続けている人は、思いつく限りで５％もいない。個人的に「この人はすごいなぁ、優秀だなぁ」と思っていた「当時のすごい人」ですら時代の波に勝てず、その大半はいつのまにか活動を止め、すでに退場してしまっている。

残酷だが、時空の禊《みそぎ》を越えるというのはとても大変なことなのだなと痛感させられる。

そのくらい、この世界の競争というものは、過酷で冷徹だ。

フリーランスの世界というのは、完全なる実力勝負の世界だ。言い訳はできない。どこの大学を出たとか、年齢が若いからとか、そういう話は一切通用しない。

どれだけアウトスタンディング（飛び抜けた存在）であれるか。そして自分の腕で価値を生み出せるか。そしてそれを求める人を作るか。すなわち「絶対領域」を作れるか。言うなればそこだけが求められる。

基本的にフリーランサーというのは、どの業界であっても驚くほど極端に二極化する。会社から決まった給料をもらえるわけじゃないから、「基本給」という概念は存在しない。もちろん「時給」なんていう時間の切り売り的発想もない（そういう発想で仕事をしているフリーランサーは総じてへぼい）。

だから上を見れば1億円を超える年収を稼ぎ出す人もいるし、下を見れば年収100万円で頑張っている人もいる（そういう人の大半はバイトをしたりして、食いつないでいる）。

それこそゼロの数がいくつも違う世界が共存しているわけだ。そういう人たちが共存しているのがフリーランサーの世界。世間で言われる「格差社会」なんていう言葉が生ぬるいくらい、完全に弱肉強食の世界なのである。

流れが早い世界で生き残る生き方

こういう世界で、生き残るための手段は、２つだ。

「常にアップデートし続けること」か、「アップデートを止めて、普遍的なことに着手すること」

この二択。完全に真逆だが、どちらもアリだ。

いずれを選ぶにせよ、尋常でないレベルで自分を追い込み続けなければいけない。

オレは後者を選んだ。

時流にぴったりついていく「アップデート」を軸にした戦い方には、ある時期に見切りをつけた。誤解してほしくないのだが、オレはかつてはSEOという極めて流れが早い業界に身をおいて、日ごとにアルゴリズムを相手にしてきた人間だ。その分野では専門書も出し、業界有数の検索エンジンマーケティング会社の経営をしてきた経験がある。そのように「最先端であること」を看板にしていた時期もある。だからこそ最先端に対してアップデートし続けることがいかにハードで、きりがない世界かということも悟った。また、当時「最先端」を売りにしていた人たちが、アップデートの速度についていけず数年間で擦り切れていって、あっという間に「オワコン」化し、市場から退場していく姿もたくさん見てきた。ひたすらアップデートをし続けるという戦い方というのは長くは持たないなとそのときに痛感した。

そこで、ある時期から、単なるトレンド追求をやめることにした。

その代わり、ビジネスやマーケティングというものの底流に根ざす普遍的な領域を研究対象にし、それを武器にコンサルタントとしての道を歩みはじめた。

我ながら、20代は本当によく勉強したと思う。学校の勉強は、ご存じのとおり3回も大学を中退しているくらいだから、超がつく落第生だけど、同じ世代のどんな学生よりも勉強をしてきた自信がある。誰も仲間はいなかったから、はっきり言って苦しかった。世界に取り残されたような妄想に駆られることもあって、一時期躁鬱《そううつ》みたいになって自暴自棄気味に引きこもっていた時期もあった。

でも、そのとき苦労したおかげで、オレは自分の中に絶対に揺るがない、確たる領域を作ることができたし、それをもとに色んな世界で活躍することができるようになった。

念願だった「出版社を作る」という夢も叶えたし、中学生から追いかけてきたメジャーアーティストとしてデビューするということも実現した。

苦しみながら、流れの早い世界に身を起きつつ、**絶対的に流されない自分の軸＝絶対領域**を作ってきた。だからこそできたことだと思っている。

とにかく、オレはこんな具合で、ひたすら好きなことをやってきた。

誰にも強制されなかったし、誰もやることを教えてくれなかった。

だから、自分でつかみ取りにいくしかなかった。

あらゆるチャンスも、学びも、自分で決めて、自分でやるしかなかった。「立ち止まる＝即退場」という厳しい実力主義の中に若いうちから身を置き、前例がない世界の中で自分なりに頭も身体もフルに使って必死で生き抜くことで、オレは揺るがない自分だけの生き方のルールを作ってきた。

この本を書いている今だって、時代は急速なスピードで流れている。まだまだ安住なんてしていられない。現状に満足なんてできないし、これからも武器を磨き込んでいかなければいけない。

ぶっちゃけ、ここに書いたらきりがないくらい大変なことは多いし、今だってハラハラさせられるような出来事が起きることもしょっちゅうだ。でも、「好きなことをやってきた」と胸を張って言える道を選んでやってきたことが自分の誇りだし、そう生きてよかったなと思っている。

「好きなことで生きる」のは、「やりたくないことで生きる」よりもずっと大変なこと

こんな具合で、オレは自分の「やりたいこと」をやってきた。そして「好きなことで生きる」ってことを確立してきた。だが、この「好きなことで生きる」っていうのは少々取り扱

いに注意が必要な言葉だなと思う。割と言葉だけが独り歩きしがちだからだ。

このことについて、キミに1つ知っておいてもらいたいことがある。

「好きなことで生きる」ってのは、耳触りがいい言葉だけど、これを貫くのは簡単なことじゃない。むしろ、やりたいことをやって生きていくのは、実はすごく難しいことなんだ。

むしろ**「やりたくないことをやって生きる」ほうが遥かに簡単だ。「好きなことで生きる」ってのはそれの何倍も難しい。**

でも、何倍も「やってよかった」って思えるよ。それは保証する。

あまい幻覚《ゆめ》のイメージだけに憧れてしまうと、正直「思っていたのと違った」となるかもしれない。だって、自分のやりたいことをやるには「やり抜かなければ」いけないだろ?

それも半端ではなく、貫かなければいけない。

貫くということは障害が起きたり、困難が立ちはだかったり、摩擦が生じても、なお、一切譲らないことを意味する。

「好きなことで生きる」ってのは、そういうことを自分に課すっていうことでもある。

つまり、相応の試練を乗り越えなければ、自分の「やりたいこと」っていう信念を貫き通すということはできない。信念を貫けなければ、「やりたいこと」はどこかでねじ曲がって、本意とは違うところに向かってしまう。**「楽しかったはずなのに、いつのまにかつまらなくなっていた」ということのほとんどはこのパターン**だ。

理想と現実のギャップが大きいので、それに気づいたとき、あまりにも多くの人が「自分を生きる」ということから目を背けてしまう。だからといって「やりたくないことで生きる」なんて選択はありえないだろ? それは生き地獄だ。でもなぜかこちらのほうが楽だから、多くの人は「やりたくないこと」に一生を捧げて生きる。なんだか本末転倒な気がするんだよね。そんな人生、嫌じゃないか? オレは辛くても、楽しいほうを選びたいね。

生き様を貫くために「捨てるもの」を決めろ

それに、やりたいことをやるためには、「捨てるもの」を自分で決めていかなければいけない。人は同時にいくつものことをすべて120%で取り組むことはできないからだ。うまくやりくりしているように見えても、必ず無意識的にかける力を配分してしまう。ということは、1つのことに対して取り組む力は、必ず減衰する。

だから本当に**「やりたいこと」に全力で取り組むために、それ以外のことのかなり多くの部分を削ぎ落とし、無駄を排除し、向かわなければいけない。**

「捨てる」という決断をするというのは、人間の苦手とすることの1つだ。

本当に心の底からやりたいことでない限り、なかなかそういった決断をすることは難しい。

そのときだけのワクワク感に酔って、夢を見るのは実に楽しい。

だが重要なのは、それを実際のものとして自分の手の中に収められるかだ。そこがずれてしまうから、自己啓発難民みたいな連中がうようよ大量生産されているわけ。

「やりたいこと」に対してどれだけの本気と本音で、ぶつかっていけるかというのが人生を分ける。言わずもがな、オレが出会ってきた「やりたいこと」を貫いて生きている人たちは、みんな「無駄を断ち、本意を貫く」という生き方をしている。

このことに気がついたとき、やりたいことをやるのは、とてもハードボイルドな生き方なんだということがわかった。

何度も言うけど、これからは、「はぐれもの」の時代だ。

はみ出したヤツが勝っていく。オレたちみたいな、どこの馬の骨ともわからない奴が、社会の色んなところで変革の一部を担う時代になる。

いや、もうすでにそうなりつつある。

オレたちだけができることが今いっぱいあるんだ。だからもう一度言うよ。

オレたちは、「はぐれもの」でいこう。

第1章

薄く、淡く、緩くなりはじめた境界線《ボーダレス》の時代に

君はどこへでも行けるのに
どうしてそんなところにとどまっているんだい？

——ジョン・レノン

隅っこからしか次の時代の中心は生まれない

何度も言うように、**これからの時代で活躍するのは、世の中からはみ出した「はぐれもの」**だけだ。これまでは相手にすらされなかったような奴＝**「はぐれもの」**が、突然スターダムにのし上って中央に躍り出てくる。そんなことが当たり前になる。

これはあらゆる業界、あらゆる世界に言える時代の交代原則といえる。

例えば、「アイドル」という存在を考えてみたときに、彼ら・彼女らというのはまさしく「スターダム」の象徴的な存在だ。直近であれば、「楽器を持たないパンクバンド」というコンセプトで一躍人気となったＢｉＳＨ。本格的なメタル音楽に合わせて歌唱を行うＢＡＢＹＭＥＴＡＬは国内に留まらずメタル音楽ファンや、海外のリスナーからも熱い支持を受ける。「ももクロ」の愛称で親しまれる「ももいろクローバーＺ」などは長寿化したグループだが現在でも人気だ。こういったガールズグループというものを考えるとき、やはり現代の文脈において無視できないのが、ＡＫＢ48というグループの存在だろう。いわば今の大所帯ガールズグループの大半はＡＫＢ48という文脈が世に敷かれた後に現れたと言っていい。そんな彼女たちも、現在のような時代を彩るグループ型のスーパーアイドル集団の始祖的なポジシヨンになる以前は、完全にアンダーグラウンドな『地下アイドル』の一味に過ぎなかった。今でも記憶にあるが、少なくともオレが秋葉原の駅前にオフィスを構えていた2007年頃では、彼女たちはごく一部のファンたちが熱狂する「会えるアイドル」でしかなかった。言ってみれば、今秋葉原の街に有象無象と数多《あまた》いるアングラアイドルにちょっと毛が生えたようなものに過ぎなかったのだった。

だが、その後の活躍を見れば明らかなとおり、ＡＫＢ48は完全に時代を席巻し、後に続く乃木坂46や、櫻坂46などの同じ系列の派生後続グループや、さきほどあげたようなガールズアイドルグループたちの礎となった。彼女たちが世の光の下に脚光を浴びるようになってから久しいが、未だに多くの熱狂的なファンたちにも支えられている。ＣＤをリリースすれば、軒並みヒットチャート上位をかっさらう。ＣＤが全く売れなくなった時代にあっても、「必ず」という枕詞をつけても申し分がないくらいほぼ確実にヒットを飛ばす「鉄板」的存在である。

ここで注目すべきは、彼女たちの「今」ではない。

「今」に至る少し前に、我々が学ぶべき彼女たちがスターになる以前の「はぐれもの」としての生き方と、ブレイクスルーのためのヒントが隠されている。

それが何かというと、**時代のスターというのは必ず１つ前の時代には「アングラ」な存在だった**、ということだ。まだ多勢が注目していない場末のドロドロとしたサブカルチャーの中から、次の時代のメインストリームカルチャーが生まれる。これは必ずと言っていいくらいの絶対法則だ。常に世の中はその繰り返しで進化を遂げてきた。
振り子のように繰り返しながら、少しずつ変わっていく。

エリートから「はぐれもの」へ、パワーシフトが起きている！

そしてもう1つ知っておいてほしいのは、現代の流行のメインストリームにあるものというのは、大きな時間軸で見たときに、必ず過去の循環系の中にかつて存在したものだということだ。つまり、**ある時代に、アルファ的に存在したものが、少し先の未来にアルファダッシュとしてリバイバルしてくるという現象である。**同じような現象が時を隔てて繰り返されるというのは割と頻繁にあることなので覚えておくといいだろう。

さきほど例に挙げたAKB48という存在も、一昔前をたどれば、同じ秋元康氏が手がけたおニャン子クラブというグループアイドルに源流を持つ。「一昔前」に時代をもぎ取ったものも、やがて時代の流れによって淘汰され、どこかの時点で世の中から消え去る。しかし、時を経たとき、螺旋階段の一段上に推移したかのように幾ばくか変質した形で、再び時代の中心《センター》へと戻るのである。

この傾向は、ファッション業界では特に顕著だ。面白いくらいこの法則に従って「ブーム」や「トレンド」は繰り返し、我々の前に姿を現す。

例えば、少し前には80年代に流行したファッションが、リバイバル的に復権した。黒いセルフレームのサングラス、プロデューサー巻き、派手な柄物Tシャツなど。

そして現在では、90年代のファッションが再びシーンの中心に戻ってきている。オーバーサイズなルーズシルエット、ボンバージャケットや、マーチン、コンバースなどのパンクスタイル、ストリートカルチャーを意識したカジュアルブランド、ナイキのスニーカーやノースフェイスのダウンやパーカーなどスポーツウエア系ブランドをＭＩＸしたスタイリングなど。これらの時代を彩ったアイコニックなアイテムたちを現代的に解釈したものをファッションに敏感な人たちはみな、こぞって纏っている。

こういった現象を拡大解釈的にみると、世の中の循環サイクルというのは、大局的にこういう形でできていることがわかる。

(1) 導入期
(2) 成長期
(3) 安定期
(4) 衰退期

物事の流れを大きく分けると、あらゆるものはこの４段階のサイクルを辿る。
子供が生まれて、育って、大人になって、やがて老人になり、死んでいくのと同じだ。
とても自然の摂理に沿った考え方なので、わかりやすいんじゃないかと思う。
オレたちが生きる社会も、この**「天地自然の理《ことわり》」**と無縁ではない。
歴史をかなり広いスパンで切り取ってみたとき、この世というのは幾度となくこのような
サイクルで新陳代謝が繰り返されてきたことが見えてくる。
そして、今という時代は、大きな流れで見たとき、衰退期にある。あるいは、混沌の時代
と言ってもいいかもしれない。
どんな時代か？
言うなれば、乱世だ。
英雄たちが群雄割拠した戦国時代、あるいは、２６０年間続いてきた盤石な幕藩体制が崩
壊し、近代国家として新しいパラダイムを採用するにあたって近代の英雄たちが多数生まれ、
活躍した明治維新（江戸末期）にも似ているかもしれない。
その前提に立って現代《いま》というものを見つめたとき、世の中の見え方はより鮮明になるはず
だ。

最近の日本企業が微妙な本当の理由

「景気が悪い」「円高がどうした」「円安だから云々」……。

ニュースをつければ、連日とにかくこんなことばかりが喧伝されている。

が、はっきり言おう。

今、日本企業が落ち目なのは、景気が悪いから、ではない。

もっと別のところに理由がある。それは、**これまで社会を成立させてきた基盤《フレーム》自体が変革期にある**からだ。

今、これまでの社会を支えてきた枠組みや構造が、あらゆる面で崩壊しかけている。経済問題、年金問題、雇用問題、介護問題、医療問題、育児問題……など、もはやありとあらゆる面で、この国を支えてきた土台がボロボロと音を立てて崩れかけている。

そんな時代にあって、「これまでと同じ」発想や行動を繰り返したり、政府が助成金をばらまいたり、景気刺激対策という名の特定業界優遇政策を打ったとしても、根本的に経済が上向くわけがない。確かに一時的に株価は上がるかもしれないが、それより別の、もっと根本的な部分から仕組みごと、丸ごと総入れ替えをしなければ現状は抜本的には変わらないだろう。ルールが変わっているのに、旧式の試合をいくらしたところで、どうにもならないのは明白だ。

今というのは、そんな、完全なる混乱の時代だ。

しかし、これはオレたちみたいな存在にとっては、むしろ大チャンスでもある。

なぜか？

そういう時代に活躍するのは、「はぐれもの」と決まっているからだ。

あとで詳しく話すけど、歴史的に見て１００％「そう決まって」いる。

だから、「はぐれもの」のオレたちにとっては、今はすごくいいタイミングだ。

はっきり言って、チャンスしかない。

完全に時代は今、オレたちの手の中にある。

そう言い切る根拠は明確にある。

では、ここからは、なぜ「今がチャンスか？」を説明したい。

切り口は３つだ。

１つ目は**ボーダレス化**という今を取り巻く最も大きな環境変化がある。この流れが、「エリートたち」から「はぐれもの」へのパワーシフトが起きているという現象の理由である。

このボーダレス化が我々にもたらす真の影響を読み解いていきたい。

2つ目は、**史実から**。弁証法的見地からも、時代は必ず繰り返すというのが時代の交代原則における常識だが、ここでは、日本の近代史に存在した「はぐれもの期」に着目して、今オレが「若者、バカ者、よそ者」＝「はぐれもの」たちにとって未曾有のチャンスが訪れていると主張する根拠を読み解いていきたい。はっきり言って「はぐれもの」にとっては最高のタイミングなんだ。

3つ目は、**星の動き**から、歴史的転換期を読み解いてみようと思う。ここがわかれば、なぜ今ボーダレス化が進行しているか？　そして、これからどのように社会が変容し、どのような人が活躍していくのかが明確に読み取れるようになるだろう。かなり怪しいと思われるかもしれないが、こういった智慧の体系にアクセスしてみたときに見えてくるものというのは存外に大きい。

まず、この章では、ボーダレス化について詳しく見ていく。

ボーダレス社会が出現する！

ニュースなどで「グローバル化」という言葉が当たり前に聞かれるようになって久しいが、この現象がオレたちの生活をどのようなものに変えるか。具体的に、真剣に考えたことがあるだろうか？

まず結論から言うが、グローバル化というのは、同時に社会の境界線が薄くなる、なくなるという現象をもたらす。すなわち社会が「ボーダレス化」するということを意味する。

グローバル化というのはその1つのきっかけにすぎない。これ自体が本質ではなく、その奥にある「ボーダレス化」、あるいはそこから導き出される「ボーダレス社会」こそ最もわかりやすい形で、我々の生きる世界のパラダイムを変革する。

これこそが時代の転換を生む最重要キーワードだと言っていい。

そこで、ここからは、「ボーダレス化」という現象がオレたちの生きる時代にとって、どういった影響を及ぼすのかということについて見ていきたい。

そもそもボーダレス化とは何か？

これは、文字通り「境界線」が消失するという意味だ。

といっても、物理的な意味での国と国との境目《ボーダー》がなくなるというわけではない。つまり、地理的に主権国家体制によって敷かれた国境《ボーダー》という枠組みが消滅するわけではなく、経済、文化、情報など、様々な分野においてこれまでは、なかなかうまく交わらなかった**世の中の目に見えない仕組みや概念上の境界線が限りなく薄く、淡く、緩くなっていくということ**だ。

例えば、情報という側面でのボーダレス化を考えてみよう。

すでに十数年年くらい前から先進国ではブロードバンドインフラが整備された。

そういう意味で、先進国間ではすでに情報による「境界線」はなくなったと言っても過言ではない。

誰もがその気になれば世界中の情報にアクセスできる前提が整備されているわけだ。

同時に情報のボーダレス化は、文化的な側面での流動化――これまでであれば、世界各地で各々に起きていた個別的な現象が、当たり前のように世界で共有されるといったこと――をもたらした。

わかりやすい事例を上げると、少し前のブームではあるがボーカロイド「初音ミク」なんかはそのいい例だろう。ご存知のとおり、日本の一部のアングラな人たちのものにすぎなかった「初音ミク」という一固有名詞が、またたく間に世界中でボーカロイドのアイコン的存在として共有され、愛されるようになった。まさしくボーダレスな文化的ヒットコンテンツとして、概念上の「国境」(境界線)をやすやすと超え、世界的な人気を博したわけだ。

このように、「情報」という切り口だけみても、ボーダレス化によって情報取得・発信の境界線は限りなく薄くなり、文化的な「距離」まで縮まっている。

ボーダレス経済圏が出現する!

経済という側面ではどうか。**経済のボーダレス化が進むと、世の中のあらゆる規制がどんどん撤廃されるようになる**。例えば少し前に話題だったＴＰＰに代表される規制緩和はその代表たるところだろう。これに代表されるように、世の中の経済流通に関する規制はこれからもどんどん撤廃され、ますますボーダレス経済は加速するはずだ。

これまでのように競争が保護・規制・制限されていた状況において失われた経済のダイナミズムは一気に解放される。あらゆる面で、非常に競争が活気づくことになるだろう。そして、等しく皆が競争にさらされることになり、社会経済は総じて弱肉強食化する。こういう時代では、ボーダレス化に対応できる人間は勝ちまくり、対応できない人間は地の底を這いずり回るような二極化がさらに本格的に進行するようになるはずだ。

これは恐怖を煽っているのでもなんでもなくて、そういう原理なのだとフラットに理解してみてほしい。もはや、社会がボーダレス化した時代の宿命だと思って対応していくしかない。

逆に言うと、むしろこれまでが異常だっただけだ。

日本は長いこと、様々な規制によって守られてきた。

それによって安定した生活が守られてきた側面はあるけども、逆にいえばオレたちは、国による手厚い保護のおかげで、**骨抜きにされてしまった**とも言える。なまじ自由競争から守られてきたために、自分から進んで改良することもなければ改善することもない。新しいことをはじめたところでたいしていいことがないから、何もしない。

そんな状況は、かつて共産主義国家に見られた「オレが頑張っても何も変わらないから、どうせやるだけ無駄だ」、「ちょっとくらい手抜きをしてもクビになるわけじゃないし」、「下手なことをやっても損をするだけだし」といった退廃的な態度に似ている。

なまじ守られているがゆえに、進んで働く意欲が失われ、社会の勢いは失速し、現在の停滞を招いている。日本社会はそんな「ゆでガエル」状態になってしまった。

頑張っても、頑張らなくても結果は同じ。
給料も待遇もさほど変わらない。

オレたちの国は、表層こそ、自由経済の資本主義国家ということでやってきたが、実質的なあり方は、分厚いセーフティネットや、規制や制限の多いある種の社会主義的なシステムに支えられ、守られてきた側面が大きい。

その観点でみると、そのような体制で、世界経済において首位の一角を担う先進国として発展を遂げてきたわけだから、これはある意味では驚愕だ。資本主義を掲げつつ、その実を集団主義的な運用方法にして成功してしまった。非常に歪《いびつ》な構造と言わざるを得ない。日本という国が、世界的に見ても「異常な国」と言われる所以だろう。

オレに言わせれば、日本の弱さというのはそこにある。

仮にこのままボーダレス化が進んでいくと、残念ながら今の日本のままでは簡単にノックアウトされるだろう。それこそ、瞬殺される。現に、ここ20年くらいの日本というのはどんどん他国に差をつけられ続けてきた。経済の成長率を見たときにも、かつてはアメリカに次ぐぶっちぎりの経済大国であったのに、もはや見る影もなく、世界の経済の主役の座からは滑り落ちてしまった。

それもしょうがない部分がある。なにせ、普段我々日本人は長いこと「世界」という舞台での競争から遠ざかって「お上」に守られ「ガラパゴス」に閉じこもってきたのだから。いわば、現代的な鎖国をしていたような状態だったわけだ。そういう国がいきなり本格的な自由経済の中に突っ込まれるというのは、猛獣の群れの中に裸一貫で突っ込まれる草食獣のようなものだろう。かなりきついよね。

さらに残念なことに、あらゆる点で日本の社会システムは疲労しはじめている。成長はとうの昔の数十年前に止まり、国家としては初老の域に達している。先人たちが築いた遺産はもはや食いつぶしたような状況だ。

そんな中、経済的な規制を取っ払い、自由競争化しよう……簡単にいえば、『おみそ』（特別扱い）をやめるから、自分たちのことは自分たちで頑張れ！」というのがボーダレス化社会の前提にある社会・経済思想だ。そんなパラダイムの社会の中に突入するのだから、正直言ってオレたちは今、ある種の岐路に立たされていると言っていい。

オレたちの世代はそういう生き方を改めて、自分たちの手で新しい可能性や、戦い方を模索することをはじめなければいけない。これまでの既得権益や、国家による保護政策で守られて、ぬくぬくとした中で本質的努力を怠り、ボサッとしていた人たちこそ、新しいことをはじめなければ生きていけなくなる。仮に、政府が打ち出すなんらかの経済対策などの政策措置で一時的に延命したとしても、それはカンフル剤のようなものだ。すでに死んでいるものに、いくらドーピングをして動かしてみたように見せたとしても、そんなものは無理やり偽物の命を吹き込んだゾンビのようなものでしかない。

もうそろそろ、日本もオレたちも違うあり方を、違う道を、根本的に選ぶときなのかもしれない。そんな気がするんだよ。

ボーダレス化による二極化現象の正体その1：平等化

今、ボーダレス化が進むと競争が激化すると書いたが、より詳細にこの現象を読み解いていきたい。これから先にオレたちを待ち受けているものの正体を、なるべく正確に把握し、「これからの生き方」についてビジョンを持とう。

何もいたずらに恐怖を煽りたいんじゃない。正確に、今起きつつある事実についてしっかりと把握してほしいんだ。

大きく、3つほど重要なキーワードがある。

（1）まず、**ボーダレス化が進むと、世界はある意味「フラット」になる**ということ。

（2）そして、**人々の価値観は多様化する**ということ。

（3）最後に、**その結果として「あらゆるものが流動化する」**ということ。

「ボーダレス化」という概念の深層を理解するために、この3つを抑えておいてほしい。ここを知れば、どういう風に生きればいいかが見えてくる。少し難しい話かもしれないけど、ここが抜け落ちていると前提からズレてしまうので、ざっくりとでいいからイメージを掴んでおいてほしい。

まず「フラット化」についてだ。

ちょっとニュアンスは異なるがザクッと「平等化」という言葉で捉えてみてもいい。

とにかくあらゆるものが「平《たい》ら」になると理解するといい。

フラットになるということは、前提がみんなに等しくイコールになるということだ。

ここで勘違いしてはいけないのは**「前提が平等になる」ということ**。間違ってもみんなに無条件に、平等に、お金が分配されるとか、みんなが同質化するという意味ではない。

むしろその逆で競争は激しくなる。おかしな話に感じるかもしれないが、**平等になることで、より偏る**のだ。「平等」という言葉を「フラット」と読めば理解しやすいかもしれない。

つまり、**あらゆる前提がフラットになる。**

先ほども例に出したが、インターネットというインフラ。これは現代においては、かなり平等《フラット》なものだよね。先進国では当たり前のように、高速回線が整備されているし、発展途上国であっても、今やインターネットが使えないという国はない。世界中が、等しく情報にアクセスできる条件が整っている。

情報が等しく共有されるようになった先には、何が起こるか？　知識的な技術的な格差も平準化されるようになる。これまでは情報が隔てられていたために、流通しにくかった専門的な知識に誰でもアクセスできるようになるのだから、情報不足によって溝ができていた部分は簡単に補完されるようになる。

例えば、海外には、日本人よりも日本のアニメに詳しい外人がいたりする。

鍼灸の業界なんかでも、今や日本よりもフランス人のほうが専門家の人数が多いそうだ。鍼というと、ついぞ中国や日本などアジアの国に特有の技術だと思われがちだが、実際にはむしろ逆転現象が起きているくらいだ。

このように、ボーダレス化によって、均質化した前提の中では、みんながある程度同じ状況で戦わなくてはいけない。裏を返せば、これまで環境が整備されていないために戦いに参加しづらかった人たちも、等しく戦うことができるようになる。

だから、競争は激化するというわけだ。皮肉なことに、今説明した「平等《フラット》」という概念は、結果的に今以上に隔たりや、偏りを生み出すことになる。

面白いよね。矛盾しているようだけど、「平等」ということを突き詰めていくと、分断が生まれ、競争が発生し、格差がより開いちゃうってわけ。

さらに、**この流れは、必然的に経済も拡張する。**

つまり、経済という枠で引かれた境界線も同時に緩くなる。

もっとわかりやすい表現で言えば、**これからは世界で戦うのは当たり前になる**ということだ。テレビなどでなんとなく聞く、お題目的な「ボーダレス化」ではなく、リアリティのある切迫した課題として世界がすぐそこにまで迫っているんだ。

この流れは日々刻々と現実のものになりつつある。もうまもなく、オレたちは無条件に戦いのフィールドをより広い舞台に移すことを余儀なくされる。これはもう避けられない流れと言っていいだろう。これまでのように小さな街単位の「商圏」という単位での経済的境界線はもはや消失し、世界というある種の無限商圏の中で世界の強豪たちがライバルになる。

ボーダレスに自由経済化する社会では、「可能性を最大限に活かせる人」と「自分の世界に閉じこもる人」、この二者が生まれてくる。

やる気のある人たちにとって可能性は無限大に広がるが、うまくそのチャンスを活かせない人たちにとっては地獄だろう。なにせこれからは相手が世界になるのだから、「引きこもり」体質な人たちにとっては、これ以上ないくらい過酷な状況になるだろう。

ここでの生きるスタンスが、色々なところに格差を生み出していく。

所得格差、世代格差、情報格差、など。あらゆる領域に「格差」は広がり、「聖域なき格差社会」が進行していくだろう。

自分の世界に引きこもっている人たちは、世界がボーダレス化しようと、何が起ころうとも、基本的に自分の身の回りの狭い世界に閉じこもっているひきこもりのままだ。

昭和や平成の時代的なわかりやすい人生すごろくゲーム上の「勝ち組・負け組」という分

断ではなく、この一見平等のようでいて内実は深刻な格差を生み出す残酷なる「フラット化」という前提がもたらす可能性を生かすのか、怖がって生かさないのかという本質的な問題が問われているのだ。

ボーダレス化による二極化現象の正体その2：多様化

ボーダレス化ということを理解するための、もう1つのキーワードが「多様化」だ。これも先ほどの「フラット化」と同じで、裏腹な二重の意味を持つ。**「多様化」というのは、色々なものが同時成立できるということ**だ。色んな考え方、色んなあり方、色んな奴らが同時成立するということを意味する。一聴すると、これはすごく耳ざわりのいい言葉に聞こえる。

だが、裏を返せば、「多様化」というのは、個人が各々の興味の箱に隠れて、他人に興味を示さずとも共存可能な「無関心社会」が発生するということでもある。言うなれば、「お前はお前、オレはオレ。関係がない」という安易な相対主義的なスタンスとも言える。

この「オレはオレ。お前はお前」という一見すると柔軟な姿勢のようにも感じられる「多様性」を纏った言葉を隠れ蓑にして、社会はむしろ分断した個人主義的なムードが濃くなるだろう。価値観が多様化した社会において、人々は他人に対し「無関心」になりやすくなるのだ。不思議なことに、多様化というのは進めば進むほど、基本的に個々が交わらなくなる。

なぜそうなってしまうのだろうか？

これは、最近話題の「ニート」の生態系を観察してみると、よくわかる。

彼らは、「自分の興味に没頭して外界との接触を極端に拒む」という特徴を持つ。メディアでは、ずっと部屋にひきこもり、食事を母親に自室まで運ばせる、みたいな描写がよくされているが、**まさにこういう状態が、ある種多様化の行き着く果て**と言ってもいい。

この現象は、何も日本だけでなく多様化が比較的進んだ国では同様に起きていることだ。人間の基本的性質として、自分の興味の箱に閉じこもっているほうが楽しくて、生きやすい。そして、先進国では、その狭い環境に閉じこもっていても生きていくことができるだけの社会基盤が成立していることが多い。

何もニートを責めているわけではない。あなただって、自分でも気がつかないうちに狭い「興味の箱」に閉じこもってしまっているかもしれないのだ。

どこに行くのでも耳にイヤフォンを突っ込んで、目の前におばあちゃんが立っていようが、道端に人が倒れていようが関心を示さない。こんな光景は日常茶飯事だろう。

ひと昔前と比べても、圧倒的に会社の飲み会に付き合わなければいけないようなことは少なくなった。それを強制されようものなら「パワハラ」だの「アルハラ」だのと言われる。

公園で小さい子に声をかけようものなら「変質者」扱いされ、警察に通報される。このように、今社会の様々な領域で、社会的なコミュニケーションを生む共有・協働行為が削ぎ取られつつある。

ひと昔前なら、たいして好きでもない会社の上司や、同僚と、これまたたいして興味もない話題や趣味の話に付き合わされていたのが、今ではＦａｃｅｂｏｏｋやら、Ｉｎｓｔａｇｒａｍ、Ｔｗｉｔｔｅｒなど「自分の興味関心と近いもの」同士を接着させるアルゴリズムで支配されたＳＮＳによって自分の興味のあることとだけ付き合える環境が整っている。買い物だって、スーパーというごちゃごちゃ色んな人が色んなものを物色している騒々しい場所まで足を運ばなくても、パソコンを１クリックするだけでＡｍａｚｏｎからほしいものが即日届く。**ネットの世界というのはこのように、個々人が、自分の興味の殻に閉じこもることを促進する性質を持つ。**

こういう状況の中では、「自分と関係ないもの」は基本的に目に入りにくくなる。したがって、「自分と関係あるもの」以外を除外し、排他的な自分の興味・関心だけで塗り固められた「興味の城」的な自己完結型の世界に入り浸りやすくなる。多様性が前提にあるインターネット時代の皮肉なパラドックスだし、宿命的特性とも言えよう。

当然ながら、自分の好きなことや興味のあることに接しているのは、心地が良い。だから、ほとんどの人が、自分の世界から出られなくなる。しかし、自分の殻に進むと、アイディアも視野も狭窄しがちになる。

「自分の興味のあること」以外の情報や経験にアクセスしなくなるからだ。そういう生き方をしていると、思いがけない出逢いや、未知との遭遇確率はグンと低くなる。

ヘタをすると、旅行でさえインターネットの中で済まして、「写真で見たことがあるから、別に行かなくていいや」ということで出不精になっている人もいる。

こんなふうに「自分の殻」から出られない人は、ボーダレス化の恩恵を1ミリも受け取れない。内側にこもって、ウジウジと自分の興味の小さな城にこもっている人たちはどんどん活躍の場を失っていく。

逆に、**外の世界に飛び出して「異世界と握手」しようとする人たちは、ボーダレス化の恩恵を十二分に受け取れる。**しかし、外の世界（＝異世界）にガンガン出られる人は本当に少ない。人間は同質化した「居心地のいい場所」が好きな生き物だ。だからこそ、その枠から外に出られた人は、勝てる。

このように、ボーダレス化という現象を考えるとき、マクロ的に見れば「フラット化」が起こり、競争は激化し、多様化が進む。そして、自分の興味の城の中に閉じこもり、自己世界の住人としてひきこもる人たちと、外にガンガン飛び出て挑戦して生きるアクティブな人たちとに二分されるということが言える。このような二極化が起きる。

二極化が進んだ社会というのは、アメリカを見てればわかるが、一部の人間だけが富を独占する傾向にある（ちなみにアメリカでは、1％の大金持ちが、全体の富の20～30％を所有していると言われている）。

日本の場合は、税制的にお金持ちに対する社会的経済調整が比較的厳しく行われるため、比較的二極化が緩やかに感じられるかもしれない。今話したアメリカの事例というのは、資本主義国の中でも最も強烈な格差社会であるから、あくまで極端な例ではあるが、極論こういうことが起きてくる。というか、日本においても徐々に起こりつつある。

様々なあり方が成立する一方、どんな「生き方」を選択するかで恐ろしいくらい差がつくようになる。それがこれからの時代というものだ。

ボーダレス化による二極化現象の正体その3：流動化

もう1つ、ここでボーダレス化を読み解くヒントをお伝えしておきたい。

それは、「流動化」だ。

ボーダレス化した社会では、あらゆる境界線が緩くなる、あるいは消失すると言ったが、境界線が薄くなるということは、これまで跨《また》ぎ難かった世界線を超えて、「移動」することへの抵抗値が極端に減るということだ。

よって、**ボーダレス化は社会のあらゆる側面に流動化を促す。**境界線が限りなく緩くなるわけだから、あらゆるコト・モノに流動化が引き起こされ、これまでオレたちの目の前に、「間仕切り」のように存在したストッパーが外れる。すると、堰《せき》を切ったように「流れ」が発生する。

つまり、これからの社会というのはヒトも、カネも、コトも……あらゆる面において**「移動させる力」が強くなる**のだ。

これが、ニュースなどでよく言われる「自由化」ということの正体でもある。

具体的にはどういうことが起きるだろうか？

すでに起こりつつある流れとしては、少し前に議論されていたＴＰＰに代表されるように関税撤廃などの自由経済化が進んだり、国と国の移動でビザが不要になったり（日本は現時点ですでに世界でも最も外国への入国においてビザが不要な国の1つだ）、ＥＵなんかではすでに顕著な傾向だけど移民が増えたり……**このように移動ということに関わる制約ボーダーが緩くなる**のだ。

緩くなった境界線から、どんどんモノも、ヒトも、お金も流動的になだれ込んでいったり、流出していったりするだろう。

ユニクロが外国人と同じ給与テーブルで査定を行うと発表したことなんかは、こういう背景がある。ユニクロや楽天が社内公用語に英語を採用したのも、同じ理由でポータビリティという意味においての「移動力」を高めるためにほかならない。

なぜ彼らがこういうことをしているのかと言えば、これからは原則として「世界基準で強い奴」が勝つからだ。

先ほども言ったように、流動化現象が起きているから、地理的要素に関係なく、色んなヒトやモノが行き交うようになる。すると、強い奴はもっと強くなる。今まで不可視領域で守られていたボーダーが取っ払われて、むき出しのままさらされるわけだから、そこにズカズカ世界中から強豪が押し寄せるとイメージしてもらったらいい。言うならば、柵で守られた牧場に住む羊の群れの中に、サバンナ育ちの野生のライオンが侵入してくるようなものだ。どういう結果になるかは、答えを言うまでもないだろう。

すごくおおざっぱなイメージだが、極端な話、こういう時代になる。

当然だが、移動力が高いほうが有利だ。

特に自分が得意なフィールドを持っている人にとっては、大チャンスが待っている。

それは、言い換えれば「越境できる人」と言ってもいいかもしれない。

これまでだったら境界線のせいでうまく行き来できなかった世界同士が急速に狭くなる。

近づくことができるし、世界を跨ぐことができる。**こういう時代では、色々な世界をまたにかけて自由自在に行き来することができるような人間だけが勝ち残っていく。**そういう時代になる。

こういう時代では、オレたちは、これまでは交わることがなかった異質なもの同士の接触をみることになる。具体的に言えば、今まで見たことがなかったパターンが成立するようになる。オレのように10年音楽から離れていた経営者が突然メジャーデビューしてオリコンチャートインしちゃうっていうのなんか、いい例。こういう「そんなのあり!?」が当たり前のように起きる時代になる。

そこで重要なキーワードは、**「異世界と握手」**。

すなわち、**違う世界と手を結んでいくことができる力**だ。

違うものと違うものを組み合わせたり、混ぜ合わせたりすることができれば、新しい価値を生むことができる。そういう**これまででは成立しえなかった価値を生み出せる人がもっともこの時代の恩恵を受けることができる**だろう。

所得格差100倍社会

ここまでで、ボーダレス社会というものが生み出す「競争」によって引き起こされる、二極化現象＝格差社会の登場ということについて様々な角度からその実態を見てきた。その点でいうと、オレの関わっている教育・コンテンツ産業というのは、この二極化傾向が最も顕著な業界の1つだ。

これまでだったら、一様にならした「カリキュラム」に沿った平均化、平準化されたコンテンツを、朗読するように読んでいれば成立した「講義」は、ボーダレス化した社会ではもはや必要とされない。

本来、眠たくなるようなコンテンツにお金を払いたいと思う人はいない。

しかし、これまでであれば、そんな眠たくてつまらない「クソコンテンツ」でも、物理的な制限などから仕方なく受けるしか選択肢がなかった。例えば、予備校に通ったとしてもその地域で教えている先生たちの中からしか選びようがなかった。自分を教える先生がいまいちだったとしても**選択肢がそもそもなかった**わけだ。

だが、今はオンライン授業というものがある。そして、テクノロジーの進化により、たった1人の講師が、数万人の受講生とつながることが簡単にできるようになった。

今や、インターネットの世界では、飛び抜けた個性が、圧倒的な解像度と説得力、経験に裏打ちされた一流の品質の知見をダイレクトに世の中にシェアすることができる。

学習者たちにとっても、どうにも眠たくなるようなピントのずれた生ぬるい時間つぶしのような授業を大学のキャンパスや、会社の研修会で受けるよりも、ウェブを通じてでもいいからより臨場感のある、リアリティの高い本物から話を聞くことを選択する。

となると、結局のところ、そういう人間が1人いるほうが、カリキュラムどおりにしか話すことができないただ真面目なだけのコピーロボットのような先生が何人いるよりも遥かに大きな意味を持つようになる。そうなると、「その他大勢」の凡庸な講師たちはお役御免となる。だって、その1人がいることで、それを受け取る学習者たちがより深い理解を得られるような話ができる人がいればよくなるからだ。

教育・コンテンツ業界における二極化現象というのは、まさにこういうことだ。

もちろんその「選ばれる側」になること、その中でも「たった1人」のポジションを獲得するというのは容易なことではない。数多ライバルたちがいる中で、最も突出していなければ「選ばれる人」にはなれない。つまり、「絶対領域」を持たぬ人間というのは、早かれ遅かれ淘汰される対象になる。**「絶対領域」を持った人間だけが、最終的に残り、選ばれる「たった1人」になれる**のだ。

逆に、その「たった一握り」になれれば、相応な見返りを得ることができる。これまでなら街中の民間スクールなどで教えて月に20万円をどうにか稼いでいたような「普通の先生」たちはお役御免になる。一方、圧倒的に突出した絶対領域を持つ個人が月に200万、300万を稼ぎだすということが割と当たり前になるだろう。

オレが知る限りでも、そういう「絶対領域」を武器にして圧倒的な収入を得る突き抜けた個人は、教育・コンテンツ業界だけでもすでに数え切れないくらいいる。

例えば、「片付け」というテーマで本を書き、世界で累計1200万部以上の「片付け本」を売った近藤まりえさんという著者がいる。彼女の活躍はひっくり返るくらいすごい。ちょっとえぐい話にはなるが、まず、単純計算として印税というものの相場は彼女のようなベストセラー著者の場合おおよそ10％前後に設定されることが多い。本の場合、ザクッと見積もって100万部の数字を出すと、著者には1億円前後の印税が支払われると言われている。ということは、彼女はおそらく印税だけでざっと12億円は稼いでいる計算になる（実際には海外での出版は契約条件などが異なるためあくまで単純計算としてではあるが）。

さらにそこからの本業への宣伝効果だったり、本がテレビドラマ化されたり、モバイルアプリのコンテンツになったり、果てはＮＥＴＦＬＩＸでも彼女のドキュメンタリーが番組化された。アメリカの映画を見ていると「ＫＯＮＭＡＲＩ」というのが普通に「こんまり流の片付けをする」みたいな動詞として使われていたりして、そういう意味でも、その影響力は計り知れない。そのような派生コンテンツまで含めると、彼女は20代でゆうに一般人の生涯年収を遥かに越える金額のお金を稼いでしまっているだろう。

ちょっと考えてみてほしいんだけど、これ、「掃除」というテーマだよ？（笑）

たかが「掃除」、されど「掃除」だ。たとえ「掃除」というニッチなテーマであっても、このレベルで極めればこういうぶっ飛んだ世界に住むことができる。

ということは、好きを極めた人が圧倒的に勝つ時代になったわけだ。

このスーパー個人時代では、とにかく突出した個が持つクオリティが需要を持つ。

「そのジャンルにおいて最高の価値を提供できる人間」＝「絶対領域の人」の所得が、平均的な「普通の人」の10倍、20倍というのは当たり前の世界になるわけだ。

下手をすると１００倍以上の差が生まれることだってある。

これが、**これから訪れようとしている所得格差１００倍時代**だ。

いうなればプロスポーツの世界と同じで、圧倒的な違いを生むことができる人にだけ、あらゆるオファーやあらゆるチャンスが舞い込む。逆に言えば、この時代では、誰もが好きを徹底的に極めることで、そのポジションを取ることもできる。そう考えるとめちゃくちゃチャンスじゃないだろうか？　そう、**キミだって未来の本田圭佑や、イチローになれるかもしれない**ってわけよ！　もちろん自分次第だし、頑張ったからって必ずなれるもんじゃない。

でも、「そうなれるかもしんない」っていう、可能性があるんだって知っただけで挑戦しがいがありすぎて、ワクワクしてこないか？

ボーダレス化するからこそ、ボーダーを越境できれば勝てる！

ボーダレス化により引き起こされる現象を端的にまとめておこう。
これまで話してきたことを要約すると、こういうことが予見できる。

1　規制や境界線が消える。よって自由化する。
2　フラット化する。よって競争は激化する。
3　多様化する。よって二極化する。

では、こういう時代にチャンスを掴むにはどうしたらいいか？
どうすればボーダレス化する社会を活かして、活躍することができるか？
あるいは、ボーダレス化の波に飲まれず、生き残ることができるか？
こういったボーダレス化が引き起こす傾向をどう活かすか？
……その対応次第で、これからの時代は本当にぱっきりと明暗が二極化するだろう。

・ひきこもりで自分の殻に閉じこもったまま、狭い世界でうじうじする生き方。
・拡大する世界にガンガン飛び出して、自分のアイディアで戦う生き方。

あなたは、どっちの生き方がいいだろうか。

当然ながら、後者にはチャンスしかない。境界線を飛び越えて、越境できる人が勝つ時代になる。その「境界線」とは、あなたの心の中にある「常識」と名付けられた定番行動パターンだ。


自分の常識を破壊して、新しい世界へ飛び出してみてほしい。

古いルールがぶっ壊れるから、新しいルールを作れば勝てる!

こういう時代では、古い体制がボロボロと壊れ始める。

ほころびかけたボロ壁をぶっ壊すのは簡単だ。軽く指で押すだけで崩壊する。

実は「壊す」こと自体は簡単で、そこから先。「壊した後にどうするか」ってことが一番大切だ。

時代という破壊者がどんどんぶっ壊す「これまで」のパラダイムの次に、自分たちが「次にどうするか」ということが求められてくる。

つまり、オレたちは、古いパラダイムを刷新しなくてはいけない。すなわち、自分たちの手で古いものをぶっ壊し、革命を起こして、新しいルールを再創造しないといけないんだ。

「ぶっ壊れる」

とか書くと、怖がりな人たちからは「恐怖をあおるな〜！」って怒られそうだけど、これは自然の摂理だから恐れる必要はない。なんせ、この世はこれまでもずっと、何度も、破壊と、再生を常に繰り返してここまできたんだから。形が壊れ、崩壊し、再創造する。その輪廻転生のような再生産のループの中に人類はここまで進化・発展を遂げてきたのだし、この世ってのは、そもそもそういうものなのだ。「ぶっ壊れる」のは自然の摂理の一部だと思えばいい。

そして、「革命」とかいう言葉を使っているけど、これも別に特殊なことじゃないんだぜ。オレたちの身近でも、例えばここ10年を見るだけでも、たくさんのものが崩壊して、革命が起き、新しいものが再創造されてきた。

例えば、「ＨＭＶ」という大型の音楽レコードショップがあった。少なくとも今の30代以上の読者の人たちにはピンと来るんじゃないかと思う。ちょっと今の10代の子や20代の子には何言ってんだかわからないかもしれないけど、ＨＭＶというのは、ほんの少し前の時代まで、若者の象徴である渋谷・センター街のド真ん中に陣取る若者ポップカルチャーのアイコンみたいな存在だった。

それが今は跡形もなく消え去っている（ちなみにそのＨＭＶ跡地は、次にフォーエバー21になり、そして現在はＩＫＥＡになっているが、なんとも時代性を象徴しているなと思う点だったりする）。

ＨＭＶのような「モノ」としての音楽を販売する業態の時代は終わった。

そのポジションにとってかわったのは、ｉＴｕｎｅｓなどをはじめとするデジタル音楽ストアだ。音楽をデジタルデータで、インターネットから購入するというライフスタイルが興隆した。今やそれは、すでに「買う」という行為ですらなく「サブスク」という行為に置き換わりつつ在る。

もうすでに化石的なアイテムになりつつあるが、日本の「ガラケー」なんかもわかりやすい。「ガラパゴス」と自虐的に揶揄しながらも、かつては、なんだかんだ日本がその当時誇った技術の最先端をありったけ詰め込んで、各メーカーともそれを誇らしげに日々宣伝していた。実際、当時日本の携帯電話は、世界でも類を見ない高機能なものだった……はずだった。それが突如黒船のように現れたｉＰｈｏｎｅをはじめとする「スマホ」に一瞬でとって代わられた。今ではガラケーに力を入れて作っているメーカーは皆無だ。数年前から言われていた「ユビキタスコンピューティング」という概念は、スマホという形で一気に興隆を見ることとなった。

日本が誇る日本のテクノロジーメーカー「ＳＯＮＹ」なんかもそうだ。かつては日本のみならず、世界が憧れる最先端・イノベーションといったイメージのアイコン的存在だったＳＯＮＹだが、今やかつてほどの勢いはない。一時期は「オワコン」という言葉がこれほど似合う企業もないくらい、低迷を続けていた。今は少し盛り返して業績も回復したようだが、「世界のイノベーションリーダー」たるポジションはもはやない。

かつてＳＯＮＹのお家芸だった「革新的」、「先進的」というようなイメージは、現代においてはＡｐｐｌｅにとって代わられた。

この失敗の本質は技術力ではなく、「意識」の問題である。例えばデジタル音楽データ形式としてＭＰ３フォーマットが主流になったとき、その当時すでにＳＯＮＹは技術的にはゆうに「ｉＰｏｄ」を超える製品を作る力があったという。だが、ソニーは自社の独自フォーマットにこだわったため、彼らの「ウォークマン」は既存の枠組みを超える進化を遂げられなかった。つまり「ボーダレス」の時代に入りかかっていたのに狭い枠組みに固執した。それをそのまま数年も引きずってしまったために、世界市場から大きく取り残されることになってしまった。

あの世界的超巨大企業「マクドナルド」でさえ、この時代の淘汰と無縁ではない。次々襲い掛かる時代の波に対応するため、「小っちゃな革命」を日々起こし続けている。外食産業という巨大なマーケットの中で、頂点を極めるほどに大きなビジネスになったにも関わらず、未だに新陳代謝を続けなければ経営は立ち行かない。

このように、この直近10年くらいを見ただけでも、オレたちはたくさんの「小っちゃな革命」を経験してきた。ここでオレたちが学ばなければいけない教訓は、**覇権というものは、日々、辺境から覆され、奪われている**ということだろう。

そう、「革命」は実はものすごく身近なこと。

思う以上に、ずっと、当たり前のように日常の中で起きている。

そして1つ1つは、本当に少しずつだけども、オレたちの日常をささやかに変えている。

そして、**気がついたらあるときその微差は、集積し、次の瞬間には時代の常識＝「当たり前」になっている。**

気がついたときには現実が、変わっているんだ。

境界線は今、薄く、淡く、緩くなりつつある。
こんな時代だからこそ、何かを変えやすいとも言える。
もしオレたちが、次の時代の常識を作れるとしたら
……？
オレたちは人類史上で最もそれがやりやすい時代に生きている。
こんな時代だからこそ、見たことのない未来を生み出してみたくならないか？

第2章

若者、バカ者、よそ者が、セカイを変える

世の中には、
〝こうでなきゃいけない〟っていう事はないんだ。
――ジョニー・ロットン

若者、バカ者、よそ者バンザイ！

前章でみたように、時代の流れは変化した。

もはや、オレたちの親世代が生まれ育った時代とは完全に違うパラダイムで時代は動いている。これまで時代を支えていたフレームは、ことごとく老朽化している。

すでにいくつかの既存フレームは崩壊したし、今でも生き残っているフレームも多くが機能不全をきたしはじめている。こういう時代には、**古いパラダイムを引きずったままの業界や、組織や、人間は、みんな沈没する。**我々がどんなに抗っても、この波はもう防ぐことができない。だからこそ、そこに新しい時代の要素を取り入れて、構造を組み替え、新しい時代に則した形へと変化するチャンスがある。


こういう時代に最も活躍するのは、組織的しがらみのない「はぐれもの」たちだ。

つまり、オレたちのような権力を持たない人間たち……つまり、

「若者、バカ者、よそ者」

だけなんだ。これは何も無根拠に言っている話ではない。

歴史上、この3者以外が歴史を動かしたという事例はほとんどないんだよ。マジだぜ。

試しにいくつかの「革命的出来事」をどういう人たちが起こしてきたか見てみよう。

・**明治維新**……薩長を中心とする若者が近世日本の権威構造であった幕藩体制をひっくり返して、新政府を樹立し、西洋的パラダイムを受け入れることにより、近代国家としての日本が誕生した。

・**太平洋戦争直後の日本**……戦前体制の崩壊により再び国の権力構造がガラリと入れ替わる人事淘汰が発生。一斉に国の仕組みが変わることとなった。若者たちによる再建国が起き、現代にいたるまでの仕組みを保持する国家が誕生した。

・**フランス革命**……中世ヨーロッパの従来の統治システムであった王政を改め、共和制を打ち立てた革命だ。映画「レ・ミゼラブル」やウジェーヌ・ドラクロワが描いた「民衆を導く自由の女神」にも明らかなとおり、その中核的な存在は、街の若者を中心とした「市民」による革命軍だった。

・**ロックという革命**……言わずもがな、音楽ジャンルとしての「ロック」は若者によって打ち立てられた新しい音楽だ。70年代ヒッピームーブメントとシンクロするかのようにウッドストックが催されある種のピークを打ったが、今なお10代、20代の若者たちによりロックの定義は日々刷新され新しい現代音楽の潮流を生み続けている。

・**ITという革命**……最も現代的な革命がIT産業の勃興と言えよう。Microsoft創業者であるビル・ゲイツ（起業当時19歳）、Apple創業者のスティーブ・ジョブズ（起業当時21歳）、近いところで言えばFacebook創業者のマーク・ザッカーバーグ（起業当時19歳）など、基本的にその時代の若者を中心として発展してきた。理由は前例のない未知数の多い産業だから彼らのような「はぐれもの」たちが中心となり、急速に成立した産業だと言えよう。比較的遅咲きの起業家でもAmazon創業者のジェフ・ベゾス（起業当時31歳）、Twitter創業者のエヴァン・ウィリアムズ（起業当時35歳）など、とにかく若者の独壇場である。

このように、いつだって、**若者、バカ者、よそ者**が次の時代を作ってきた。

そして、それは必ず**時代の転換期に起こっている**というのが事実だ。

近代日本では2回だけ若者が時代の中心にいた時代があった！

混沌とした時代背景の中に、それを打破しようとするエネルギーが革命を生み、次の時代が出現する。この視点で史実を眺めたとき、日本の近現代史においては、若者が時代の中心にいた時代が2回だけあった。

（1）江戸末期（明治維新）から明治時代前半までと、
（2）太平洋戦争後から現代国家成立までの10年程度の期間。

この2つである。
なぜ、この時期が若者中心の時代だったか？
その理由を非常にシンプルに説明するとこうなる。

- **明治前半期は先輩がいなかったから**
- **太平洋戦争後も先輩がいなくなったから**

まず、明治維新というのは、簡単に言えばこれは国家体制を大きく覆すパラダイムシフトレベルの「政変」であり、「革命」だった。

そして、その革命の中心にいた人物はみな、若者だった。

だから革命に参加した人間のみが、その後の体制において覇権を握ることになった。

もちろんこの時代に力を持った老人がいなかったというわけではない。当然いた。

だが、ここで重要なのは**「革命に参加したかどうか」**だ。維新後、それまで権力ポジションにいた老人らの多くは当事者として維新事業に直接的に関わることはなかった。よって、革命に参加しなかった人間は、新政府樹立にほとんど関われなかったのである。

太平洋戦争後は、なぜ若者が主権を握ることになったのか?

これは明治維新のときとは多少性質を異にする。

その主な理由は「戦争に負けた」からだ。

それによって、東京裁判に代表されるように公職追放によって、それまで社会の中心にいた「指導者層」たちが徹底的に一掃された。簡単に言えば、「その時代の指導者層（大人たち）世代が日本を滅ぼした」という社会の共通認識が生まれ、制裁を受けたため、その世代の人間の発言権は極度に抑え込まれることになったわけだ。

20代でこれだけできる！

このように、近代では2回、若者にチャンスが回ってきた時代があった。

また、そのときというのは、日本が一番急速に変化・発展した時代でもあった。

今よりもずっと若者が重用され、政府要職も含め、若者中心で国は動いていた。

例えば、高杉晋作は24歳のとき全権大使として諸外国との降伏交渉にあたった。

その結果、賠償金を幕府に押し付け、彦根の諸外国による租借を阻止した。

今の常識で考えれば、24歳というのは新卒2年目に相当する年齢だ。そんな若者に、国の命運を左右するような交渉の全権を担わせていたわけだから驚くしかない。

伊藤博文なんかも27歳のときに、今でいう兵庫県知事に就任している。

日本国における初代内閣総理大臣に就任したのも44歳と驚愕の若さだ。

この時代では、国造りのあらゆる局面において、若者が中心にいた。

例えば、琵琶湖の疎水工事の設計・施工のすべてを任されたのは田邊朔朗《さくろう》という男だったが、彼は当時で21歳である。言うなれば大学3年生に相当する年齢だ。

当然、50代、60代の人間もいたが、彼らにさしたる発言権はなかった。

「老害」が仕組みの刷新を憚り、既得権益にあぐらをかいて若者から搾取を続ける今の日本と比べると雲泥の差だ。まだ新卒とさほど代わらぬ齢の若者たちが、現代に続く日本の礎をつくってきたというのは、異常にして驚愕の事実だ。

「前例がない」からチャンス

太平洋戦争後もそうだった。

日本は戦争に負け、国中の国土が焼け野が原となった。あらゆる資源が壊され、削がれ、枯渇していた。戦前までを支えてきた国の仕組みは解体され、ゼロベースからの再構築を余儀なくされた。このとき、そこから国を建てなおした中心的な人物は30代の若者が多かった。

明治期前半には日本は東洋の一小国から列強に肩を並べうる大国となったし、太平洋戦争後の10年間にはめざましい復興をとげ、その後の高度成長の基礎を築いた。

政財界で、様々なポジションがこの時期入れ替わることになった。

それは、総じてこの当時の社会が、すべてにおいて「前例がない」出来事の連続だったからだ。誰もやったことがないから、蓄積されてきたノウハウも、定型的なオペレーションも存在しない。だからどちらかと言えば、むしろゼロからそういった成功パターンを作っていかなければいけない時期だった。

だから若者が活躍した。

しかし、社会が成熟して中心世代の年齢が上がるにつれ、社会の発展のスピードは鈍化する。明治時代の場合、明治後半になるとすでに社会基盤は整い、社会を十分に回し切る組織もノウハウも十分に蓄積し、近代国家として成熟を迎えた。

そうなると、ゼロから生み出す、創造する、といったことよりもすでに作り上げたもののメンテナンスや改良などが主な仕事になる。そういう局面では、若者たちよりも、より年をとった人間たちが重用されるようになる。「仕組みを何事もなく回す」のは若者たちよりも、年をとった人たちのほうが向いている。経験がモノをいうからである。

この若者主権から老人国家へ変容するプロセスというのは、太平洋戦争以後も同じだった。一度、完全に破壊された社会システムをゼロから作り上げるにあたり、再興初期には若者世代が大いに活躍したが、戦後10年も過ぎた頃には社会は落ち着きを取り戻した。

社会が落ち着き、成熟を迎えると、いくら若くて能力が飛びぬけていたとしても、社会の先輩たちからすると、自分たちのポストを守るために彼らを抑え込まなければいけない。若者の存在を、社会システムの中の重要なポジションとして認めてしまうと、自分たちの存在価値がなくなると考えるからだ。だから日本に限らずどの国においても、仕組みを回す人間……官僚や政治家、企業経営者たちは50代、60代が中心に落ち着いてくる。

これこそが、社会が「老害大国」となっていく原理的仕組みだ。

老害化し、硬直化した社会は、またどこかで若者による転覆を潜在的に望む。

そして、今はじわりじわり新たな変革のタイミングが迫りつつある。

至るところにその胎動を感じずにはいられない。オレたちのような「若者、バカ者、よそ者」＝「はぐれもの」にとっては、有史来のチャンスが再びめぐりつつあるということにほかならない。そう考えると少しワクワクしてこないか？

坂本龍馬だって、ただの国賊？

歴史というのは常に勝者によって作られるものである。その意味において歴史というのは、ある意味で「捏造」されている側面があるとも言える。見方を変えたとき、史実が現代で語られている視点と180度異なっているということは往々にしてある。真実は常にグレーゾーンにあるのだ。その点において、国家的英雄だって、見方を変えれば、ときに「国賊《こくぞく》」にだってなりうる。

例えば、あの坂本龍馬ですら、明治維新（大政奉還）が成立してなければ、国家権力を転覆させようとしたテロリストとして、単なる国賊扱いされていただろう。デフォルメした表現にはなるが、彼は当時の体制に反対する人たちを仲介して、革命軍を組織したゲリラ筆頭リーダーである。言うなれば、「国家体制の転覆」を本気で目指して動いていた存在だ。結果だけを見れば、彼らは紛れもなく歴史の勝者側であり、現代に続く歴史の礎となった人たちだから、「英雄」として評価され、語られる。だけど、当時の視点からすれば、単なる「反体制の国家反逆者」として見ることだってできたわけだ。彼のような人物と、テロリストの何が違うのか？　坂本龍馬は、確かに**アンダーグラウンドな存在＝「はぐれもの」**からはじまったし、当時の体制からすると「テロリスト」そのものとも言える。が、そこに留まらず、**勝利して、自分の存在を世の中の新しい常識にした**というところが彼の現代での評価の決定打となっている。

わかるだろうか？　ここが大事だ。この違いは果てしなくでかい。

何かと言うと、オレたちは、「はぐれもの」だからこそできることをやらなければいけない。だが、「はぐれもの」がずっと「はぐれもの」のままでは、本当に単なる「アンダーグラウンド」な存在のままだ。

アングラからはじめて、世の中のスタンダードにならなければいけない。

これは、単なる自分の趣味のために自己完結しているオタクと、社会に接点を持ち活躍しているオタクの違いに近いかもしれない。

何度も言うように、オレたちは「はぐれもの」でいい。

いやむしろ今見てきたように変革期には「はぐれもの」のほうが何かを動かせる。

ただし、必ず勝利して、「あっち側」に行かなければいけない。それができなければ、ただの危ない危険分子扱いされて、「悪」とレッテルを貼られたまま永遠に子々孫々に語り継がれるかもしれないんだぜ？　それって癪《しゃく》じゃないか。

社会が順調なときはいいが、混沌とした過渡期が起きたときは、オレたちみたいな「社会の隅っこにいる存在」——若者、バカ者、よそ者のターンがくる。オレたち「はぐれもの」が社会の構造を解体し、作り直せるチャンスがくるんだ。「はぐれもの」は守るものが少ないからこそ、大胆に変えられる。囚われが少ないから「本当に守りたいもの」をピュアに見つめることができる。はっきり言って、大チャンスだ！

スピリチュアル体系のことごとくも変化を指し示している！

ここまでで、「今がチャンスだ！」と断言する根拠のうち、2つほど話をした。

最後に、ちょっとだけ怪しい話をしよう。

いかにも「まとも」そうな理屈を並べた話をしても、あまりピンとこない人もいると思う。だからもう1つ。今度は、あえてオカルトっぽい怪しい体系からアプローチしてみたい。

それは、「星」だ。

実は、占星術という視点から見ても、今、時代は転換期にある。

天体というサインが、時代は変化の狭間にあると示しているのだ。星というと、若干オカルトチックな領域の知識と思われがちだが、実際には、名だたる企業の経営者や、政治家、スポーツ選手、芸能人など、世の中で力を持った人たちほど星の力を活用している。

「億万長者は星占いを信じないが、大富豪は活用する」

という言葉は、かの金融王・JPモルガンが遺した格言として有名だ。

占星術というのは、日本語だと「星占い」だが、英語だと「astrology」。すなわち語彙の意味としては、「占い」というまじない染みたニュアンスよりも、どちらかというと「天文学」といった体系としての意味合いが強い。現代的な意味づけだと「占星術」というとスピリチュアル的な領域の言葉として理解されがちだが、かつては「天文学」と並ぶようなれっきとした学問であった。

実際、占星術の知識体系というのは、統計学的体系を土台にした予見技術であって、根拠の薄い「霊視」や「能力」とはまた別種のものだ。詳しく学んでみると体感できるが、スピリチュアルと呼ぶには、あまりに数学的であり、整然と美しく論理立った結果が導き出されていることがわかる。

面白いことに天体の情報を活用した未来予見技術というものは洋の東西を問わず、古い時代から実践されてきた。東洋の体系であれば九星気学や四柱推命であったり、西洋占星術にも色々な流派があるが、大なり小なりそういった「目に見えない世界の理屈」というものに未来を見通し、意思決定をする上でのヒントを求めるツールとして求める人は多い。

こういう話に免疫のない人にとって、今から話すことは、一見すると何の根拠もない「でまかせ」に聞こえるかもしれない。だが、オレが今まで話してきたボーダレス化という視点、そして今、時代が転換期であるという歴史的な視点を含み置いて、「星」という立場から改めて見直してみたとき、合点いくことだらけなことに、きっとあなたも驚くだろう。

「いやいや、まさか（笑）」

と、もしかしたらキミは一笑に付すかもしれない。

しかし、その「まさか」なんだよ。嘘みたいに聞こえるかもしれないけど、**オレたちは、面白いくらいこの宇宙の天体全体の力学に支配されている**。今から話すことは、ちょっと怪しく聞こえるかもしれない。まずはそれで結構。普段絶対触れないような世界に触れる「異世界と握手」をまずは体験してみてほしい。

そんなわけで、ここからは、世界の大富豪たちがこぞってよりどころを求めた「星」からこれらの現象を読み解いてみよう。

これからの時代を理解するキーワード

星の立場から、時代を読み解いたときにも、今は大きな転換期にある。

何かというと地球が影響を受けている星が、変わりつつあるのだ。

専門的な説明は省くが、星占いの世界では、春分点の存在する星座がその時代性を象徴すると言われている（春分点っていうのは、黄道と天の赤道の交点のうち太陽が南側から北側に横切る点のこと。難しいと思うので、なんとなくの理解でいい）。

その春分点の交代タイミングは、おおよそ2000年と言われている。

地球の場合、キリスト教が生まれた約2000年前頃に、うお座のときに突入したと言われる。そして、**今という時代は、うお座から、みずがめ座への転換期**に突入している。すなわち、これまでうお座の影響を強く受けていたわけだが、うお座的な性質が弱まり、みずがめ座の影響を強く受けはじめているといえる。

では、みずがめ座にはどのような特徴があるのか？

みずがめ座（アクエリアス）の特徴

- 科学性（エネルギー、物理学的）
- 民主主義
- 平等と多様性の融合
- 女性性
- 横社会
- 四次元（多次元）的、縦横無尽
- 理性、科学、論理的思考を駆使
- さらにそれが精神性と融合（スーパーサイエンス）

などの特徴があげられる。例えば、四次元的というのはまさにオレが言うところの「異世界と握手」と同義だし、すでに前項で取り上げた通り「平等」や「多様性」といったキーワードなど、なにやら見覚えがあるような言葉がちらほら出てきている気がしないだろうか？

これも語るとだいぶ長い話になってしまうのでざっくりとした説明にしておくが、前時代の星である、うお座はどうだったのか？　比較してみると、うお座の時代というのは、木星が支配星である。

木星は精神性や理想主義、献身性（愛）といった性質がある。面白いことにキリスト教の教義の中核的な思想は「愛」であるし、この２０００年間を振り返ってみると、人類は様々な思想や理想を掲げてきた。多様な宗教の発展もそうだし、資本主義、共産主義などの政治経済上の理想イデオロギーなどの誕生も星という観点から見たとき、木星の影響下で発達したものだということが言えよう。

また、この２０００年間、人類は戦争に戦争を世界各地で繰り返して発展してきた。これは、うお座の時代には、男性性が優位に働くためだ。具体的に占星的見地から説明すると、うお座の時代には、中和能力を持つ水星の影響が弱くなる。そのため、思想的な対立から争いが勃発しやすくなるということが説明できる。……どう？　面白くない？

偶然だとか、そんなものこじつけだとか、色々言えるかもしれないけど、見方によっちゃあ、なんともストンと腑に落ちる気がしないか？　星という視点から、歴史を眺めたとき、社会全体を取り巻く大局的な流れや、時代の傾向が見えてくることがなんとなくわかってもらえたんじゃないかと思う。

では、これからやってくる（人によってはすでに移行完了したという人もいる）みずがめ座の時代の特徴としては、具体的にどうなるのか？

いくつか具体的に起こりそうなキーワードを取り上げて見ていこう。

（1）時代の流れの体感速度が上がる！

「水がめ」という言葉が示す通り、水がドバーッと流れ出すように、時間の体感速度が上がる。だから、24時間があっという間に過ぎ去るように感じるようになる。最近「時間が経つのって早いなー。前より早くなった気がする」と感じている人は、気のせいではない。

実際に世界全体がそういう流れの中にいるのだから、そう感じて自然というわけだ。

時間の流れは確実に早くなっている。だから、時代に巻き込まれると流される。情報に踊らされると流される。そういう時代では、簡単には揺るがない「軸」が大切になる。本質に根差した太い幹＝コアを持たない人間はこれからの時代、簡単に流されていってしまうだろう。「コア」を追求し、追い求めていくことをはじめなければいけない。

（2）様々な「あり方」が認められるようになる！

「流れの速さ」だけではなく、「方向性」も変わった。これが大きく社会構造を変える。簡単に言えば、「統治のルールが変わる」ということだ。

みずがめ座の支配星（それぞれの星座を守る役割を持った惑星のこと）は土星である。土星というのは、「平等」や民主主義といった性質を意味する。先ほど話したボーダレス化時代の特徴の1つとしても取り上げたが、この流れもこの土星的な性質による影響だと考えると、自然と合点がいくのではないだろうか。

他にも、今情報主権がマスメディアの時代から、ソーシャルメディアに渡されつつある（権力の民主化）が、これというのも、「平等性」というみずがめ座の影響下にあることが関係していると言えば自然に理解できるだろう。かつてのように権力構造が明確に規定されたヒエラルキー的社会ではなくなりつつあるのは、こういったことが背景にある。「平等」という概念は、多様性を統合していくという民主主義的な性質を持つからだ。

そもそも、インターネットというものは、米国国防総省が開発した分散型の情報ネットワーク（一元集約によるリスクを分散する発想）から生まれた。グローバルブレイン、あるいは集合知的な発想から生まれたインターネットに、一元集約・トップダウンでの情報流通を前提としたテレビをはじめとする既存マスコミ。どちらが時代を捉えているかと考えれば、昨今のマスコミの凋落《ちょうらく》ムードというものが自然に理解できるはずだ。

人が人種、国籍、性別、文化の違いを超えて、渾然一体となっていく時代なのだ。

今、この「異世界と握手」が様々なところではじまっている。

その正体というのも、実は、みずがめ座のなせる業だったのである！

（3）クリエイティブな力が解放される！

みずがめ座は、とてもクリエイティブな星だ。さきほど説明した言葉で言えば、「多様性」（様々なあり方が認められるようになる」ということでもある。ある種の、主観的なものの見方、あるいは「世界観」を標榜することが、世の中とその価値観を共有する鍵になってくる。すなわち、クリエイティブであるということが、これまで以上に価値を生む。人々は本音を解放し、本来持っていた創造性に回帰するようになる。その反動として、おのずから、意識は自然に金銭的欲求から離れていく。その代わりに芸術方面が花開いていく。それは言うなれば、アーティスティックに何かをクリエイトする才能の開花だ。

そして、それに伴い、みんなが好き勝手なことをやりはじめるので、**流行り廃りの流れが速くなる。この兆候は昨今のトレンドサイクルが極端に短くなってきていることを見ても明らか**だろう（ここは先程説明した「体感時間」が加速するというのとも関係している）。これが、前時代＝うお座の時代には、「会社寿命10年」などとも言われたが、ここ数年ではもはや「会社寿命3年」がリアルな状況になりつつある。この点においても、流行り廃りの新陳代謝が高速化しているというみずがめ座の時代の到来が見て取れる。

（４）実は普遍的なものが求められるようになる！

これは逆説的ではあるが、流行り廃りが目まぐるしくなるにつれ、**人々は逆に「変わらぬもの」を潜在的に求めるようになる。**いわば、「固定点」を求めたがるとでも言ったらわかりやすいかもしれない。人間は、根本的に安定を求めたがる生き物だからね。

この流れの前提をもって、多くの人々やグループに表現の機会を与え、融合し、相互に結びつけ、多様性の中に統一をもたらす仕組みを創造しようという動きが働く。

最近ではSNSで同じ志や趣味を持つ、異業種の人たちが小さな単位でコミュニティを作る活動が盛んだ。それもこういったみずがめ座的な流れのうちの1つだとすれば、合点がいくのではないだろうか。

（５）バランス的には女性性が優位になる！

「Wall Streetの崩壊が市場原理主義の終わりを意味することは、Berlin Wallの崩壊が共産主義の終わりを意味したことと同じである」

byジョセフ・スティグリッツ（ノーベル経済学者）

この言葉になぞらえて表現するならば、これまでのような男性優位の社会政策が終わり、女性性への転換を求められているということだろう。天体的な視点で見たときにも、地球全体のエネルギーの流れが、女性性によりはじめているサインが随所に見られる。

日本では、「もしドラ」(「もし高校野球の女子マネージャーがドラッカーの『マネジメント』を読んだら」)を皮切りに、数年前に「ドラッカー」関連の書籍が軒並みベストセラーになった時期がある。この現象について、オレに言わせるならば、これは女性性を反映した現象だと言える。**なぜならば、マネジメントの本質というのは母性であり、女性性だから**だ。

ここ十数年で、世界規模で見たときにも、一気に女性の社会進出が進んだのも、女性性の星であるみずがめ座の影響があるからだとすればイメージしやすいだろう。

多くの人が理解していると思うが、**もはやこれまでのように男性性のみで戦える時代ではない。**

時代を捉える感性は、完全に女性性との融合が求められている。だから、ここ数年、急速に女性性を持った男性が活躍するようになったし、男性性も兼ね備えた女性が社会の中で活躍するようになった。ＬＧＢＴＱ＋(レズビアン、ゲイ、両性愛、トランスジェンダー、自分の性別がわからない人、それらに当てはまらないその他の性的マイノリティの各単語の頭文字を組み合わせた略称)といった言葉が出現し、様々な性的マイノリティが、社会的な認知と理解を得たのも象徴的だ。

実際にクリエイティブ業界でこの傾向は割と以前から顕著で、ファッションをはじめとするデザインや、音楽、映像、写真などの業界で活躍する多くのトップクリエイターのＬＧＢＴＱ＋率は驚くくらい高い。世界を巻き込む一大トレンドを生み出すということは、形のない集合意識と接続したうえでクリエイションとしてこの世に顕現させるといったプロセスが不可欠だ。当然そこで捉えるべきは、この世に存在するすべてのジェンダー、そしてその人々の意識だ。

そういった「目に見えない情報」を織り込んで生み出さなければいけない。

男性性が大事、女性性が大事と片方の肩を持つような議論をするつもりはない。むしろ、自分に希薄な要素にも歩み寄り、取り込んでいくことで人間的統合を目指すことがヒントのような気がしている。

実際に最近活躍する男性経営者は、一昔前よりもぐんと女性性を内包してバランスが取れたタイプの人が多くなってきた。同じように活躍する女性経営者たちも、男性性とうまく内的な統合を果たしバランスを取ることで社会という男も女も存在する世界の中で活躍している人が多い。そう考えると、極端によりすぎてバランスを欠いていた状況が、これからの時代では女性性というものを意識することにより、中庸を目指す流れに入るのではないかと考えられる。

他にもキーワードを挙げればきりがないくらい色々あるが、今いくつかの視点で見てきたとおり、ボーダレス社会の特徴と、星の立場から見たみずがめ座的パラダイムの特徴というのは非常に酷似している。

そこから何が見えてくるかと言えば、**少なくとも時代の変化は歴然とした事実として差し迫っている**ということである。やはり、転換期だということは、他の体系から照らし合わせたときにも明白で、我々は差し迫った変化の目の前に立たされていると言っていい。

第3章

絶対的「個」で生きる

～踏み出そう、はぐれよう～

変わり続けるからこそ、
変わらずに生きてきた。

――ニール・ヤング

これからどういう人が活躍するか？

そんな時代の中で、どういう人が活躍するか？　ここからはその話をしたい。

オレは神様じゃないから、予言はできないけど、「予見」はできる。

少なくとも、「どういう生き方はダメ」になるかは確実に言える。

これから通用しなくなるのは、変化の潮流の中で、**いつまでたっても古いやり方・あり方にとらわれて泳ぎ方を変えられない人**だ。

そういう人は時代の変化の波に流されて溺れてしまうだろう。

逆に考えると、これから活躍する人の第一条件というのは、**変化の潮流の中で、揺るがない軸を持ちつつ、泳ぎ方を柔軟に変え、うまく流れに乗ることができる人**だ。


さらに、これからの社会で成立するビジネスについても言及しておかなければならない。

これもあくまで予見の範囲を出ないけれども、1つ確実に言えるのは、**「全体」経済から「個」の経済へとパワーシフトが起きつつあるということ**だ。これはどういうことかというと、**「大きなもの」から「小さいもの」に力が移行しつつある**ということである。例えば、世界全体で国が動かすような国策企業はどんどん減って、民間企業へ力は流れている。日本でも少し前ではあるが、郵便事業などを行っていた日本郵政公社は日本郵便株式会社となった。「官から民」という流れである。このように近年、明治政府以降に作られ近現代を担ってきた国策事業が徐々に民間へと移管されてきたが、郵政事業の民営化というのは直近でのわかりやすい事例であろう。

さらに、民間においても、これまでの経済を支えてきた巨大企業から、スタートアップ、あるいは小さな会社や個人事業主がビジネスの世界でも世界的な活躍を見せる存在が多数出現した。少なくとも、一昔前のように「大企業だけが選択肢のすべて」みたいな時代は終わった。

ここ数年で一躍有名タレントの代わりに力を持ち始めた「インフルエンサー」（ＳＮＳでの情報発信を行い、世間に対する大きなパワーとインパクトを持つ個人）なんかをイメージしたらわかりやすいんじゃないだろうか。彼ら／彼女らのような存在は、ひとえにこの「全体→個」、あるいは「大→小」というパワーシフトの象徴のように写る。

資本主義が極大化し、行き詰った先にあったのは、個人商店的スモールビジネスの復権だというのは、逆説的のようでなんとも興味深い現象ではないだろうか？

しかし、今起きている「個」へのパワーシフトというのは、前時代における「個人商売」的なあり様とは少し毛色を異にする。何が違うのかと言えば、それは、**「小さくても、世界レベルのインパクトを与えることもできる」という点**だ。

ボーダレス化がもたらす流動性・移動力のおかげで、小さいビジネスであっても、これまでとは比べものにならないくらい広く大きな世界へアクセスすることができるようになった。何度も言うように、インターネットの世界というのは根本的に境界線《ボーダー》がない。だから、突き抜けた発想と、それを広める力さえあれば、極端な話、一個人がはじめたごくごく慎ましやかなアイディアを基にしたサービスが、世界中のみんなの共通のインフラにだってなれるのだ。

「個」からビッグビジネスが生まれる

現にＧｏｏｇｌｅやＦａｃｅｂｏｏｋ、Ｉｎｓｔａｇｒａｍ、Ｔｗｉｔｔｅｒなんかは、もはやオレたちの日常において世界共通のコミュニケーションインフラとして機能しているよね。今や大半の人がｉＰｈｏｎｅを使っているし、買い物はもっぱらＡｍａｚｏｎという人も多いだろう。そういったサービスの支配者の代表格であるＧＡＦＡをはじめとしたシリコンバレーの経営者たちは、若くしてこうしたサービスを作った。そして世界的なインフラを牛耳っているわけだから、当然ぶっ飛んだレベルのお金持ちになる。

ここで注目してほしいのは、**「会社の規模」というよりも、「ボーダーレスな価値」を持って機能しているかどうか**という点だ。だからＩＴ企業の多くは従来的なフレームでの「お金持ち」とは違うタイプの人たちをたくさん輩出している。

「個」を主体にしたビジネスの強みというのは、「小回りが利く」ビジネスであるということだ。大企業ではフットワークが重くてできないようなことを小回り良く立ち回りさっさとやっていくことができる。そこに個人が大企業を打ち負かす一番のヒントがある。

さきほど例にあげたＧｏｏｇｌｅしかり、Ｆａｃｅｂｏｏｋしかり、いずれも時間が無限にあるような暇な技術オタクの学生が見つけた**「まだないカテゴリ」**のサービスを小回りが利くフットワークで、ものすごい速度で今まで見たことがないプラットフォームの形にしてしまった。**そしたら、ケロッと世界を取れてしまった**わけだ。

同じく、Ａｐｐｌｅという会社を考えたときも同じことが言える。彼らの場合は、もはや大企業と言ったほうが正確だろうが。少なくとも創業者であるスティーブ・ジョブズ在命の頃までは、半独裁企業であった。ここがミソだ。ジョブズが、スティーブ・ジョブズが右と言えば右、左と言えば左に速やかに動ける。そんな会社だった。

だから彼らはジョブズのＣＥＯ復任後、ｉＰｏｄを皮切りにして、スピーディーな戦略、戦術展開により圧倒的な勝ち上がり、怒涛の大逆転を見せた。

彼らは世界的企業でありながら、スティーブ・ジョブズという極端に「個」の強いカリスマをリーダーに持っていたために、ベンチャー企業並みの意思決定プロセスの省略と、そこに統一されたシンプルな行動原理、行動哲学を持っていたのである。

「個」によりそうビジネスは「個」だからできる

まあ、これは個人発のビッグビジネスの例だから、ピンとこないかもしれないけど、もう少し目線を落としたところでも考えてみよう。

オレは何もキミに、「世界規模のビジネスを模索しろ」と言っているわけじゃない。どちらかと言えば、慎ましやかな規模で、だけどガッチリ世の中に評価されるような「小つちゃいけどイケてて、すごいビジネス」のほうが多くの人にとって現実的だろう。

基本的な考え方は、同じである。いかに「小回り」がきくことをやるか。

すなわち、他人がやっていないようなことをやれるかという点がキモだ。

「個」によりそうビジネスは「個」だからできる。個は小回りが利くから、その利点を活かせば、一律に均《なら》したおおざっぱなことしかできない既存ライバルを全員ぶち抜ける。

さらに、**提供できる人がキミしかいない領域＝「絶対領域」**で勝負できたら、世の中の「相場」を消滅させた絶対的な商売を成立させられる。

オレなんかも、「マーケティングコンサルタント」としては、特に何の国家資格を持っているわけでもないし、ＭＢＡみたいなわかりやすい学歴を持っているわけでもない。でも、マーケティング分野のコンサルタントとしては国内でも有数の知名度で割と有名な存在だ。

「相場」という意味でも、自分で言うのは嫌な感じはするけど、弁護士などの難関資格を持つ先生への相談料よりもずいぶんと高額な報酬を受け取っている。こんなことができるのも「他の人では替えがきかない自分」＝「絶対領域」を作り、活動しているからだというのはすでにお伝えしたとおりだ。

オレの言う「絶対領域」を持ったビジネスの強さとはこういうこと。

替えがきかないから、ライバルがそもそもいなくなる。**競合（ライバル）を無効化できるということが一番の「絶対領域」を手に入れたことで得られる強み**だ。

「個」を極め、突き詰めて、洗練させていけば、どんなビジネスにも入り込む隙間ができる。最近「パーソナル」サービス系のビジネスが流行っているのはこういう理由がある。

何度も仮縫いをして完全に自分の体型にフィットした服を作ってくれるフルオーダーの仕立て屋や、靴のビスポーク（フルオーダーのこと）業界では、1足作るのに半年待ちになっているような大人気の職人たちがいる。

オレも実際にある人気靴職人に1足お願いしたことがあるが、値段は百貨店で買う高級紳士靴の約3倍。時間は1月に頼んだものが6月の後半に出来上がるという感じだったが、自分の足の形にぴったりフィットした木型彫りからはじまる工程1つ1つの丁寧さ、完成した靴の出来来など、どこをとっても頼んだ価値を感じた。

他にも、自分にあった食事管理も含めて短期間で理想のボディを手に入れるための専属ボディトレーナー、職業や年齢、TPOを踏まえて最適な着こなしを提案してくれるファッションコーディネートサービス、受験業界でもインターネットを使って1人1人最適な勉強法を提案し、進捗管理を行うパーソナルコーチング的なサービスを展開している会社もある。

好きを突き詰める

こんなふうに、パーソナルできめ細やかで、小回りの利いた形で個人に対応するサービスを行うビジネスが最近活況だ。「ライザップ」なんかはまさにこれのいい例だろう。同社は、「パーソナル対応」を武器にしたビジネスで短期間のうちに業績を伸ばし、上場を果たした。ユーザー側から見たとき、パーソナルサービスというのは費用的には多少高額になることも多いが、富裕層を中心に、個々性への対応にこだわる人は増え、そのニーズを的確に捉え、広がり盛況ぶりを見せている。

このような「個」に着目した、オリジナリティや専門性の高い**「その人にしかできないような仕事」**をやれる人たちは、これからどんどん活躍の場を増やしていくだろう。

こういう世界では、**自分の「好き」を突き詰めた人たちの勝ち**になる。

自分の中の好きを徹底的に突き詰めて、創造性に富んだ提案を世の中に対して打ち出せれば、必ずキャッチしてくれる人はいる。それが過去最大に、認められやすい世の中になりつつある。

だからでっかい夢を抱えて、とにかくひたすら自分の信じる「好き」を追求していってほしい。それが誰かにとっての価値に変わりやすくなったわけだから、「好き」が強くて、追求力のある人たちの独壇場になっていくはずだ。

「個」にフォーカスが当たる時代というのは、資金力がなくて、資源に乏しい人たちでも戦いやすい環境になっていくということも同時に意味する。

元手は0円でも、キミの気持ち次第でどうにでもなるし、極論、インターネットにつながるパソコンが1つあれば、いや、手元のスマホ1台からだってキミは企て始めることができる。

例えばだが、「ココナラ」や「ストアカ」なんかの個人スキルのマッチングプラットフォームなんかはいい例で、これまでだったら社会と接点を持ちづらかった子育て中の主婦や、まだ経験の浅い学生や、リタイアした高齢者でも「個」を軸にした活動を助けてくれる。そういったこれまでの社会の中では力を持ちづらかった人たちをアクティベートするようなサービスや環境がどんどん整っていく。だから、はっきり言ってどうにでもできる。自分の好きを突き詰めて、本気で頑張ればきちんと活躍できるような仕組みが整ってきた。

実際に、そういうスタイルからはじめて成功した人なんてもはやごまんといる。オレだって最初は実家のエアコンすらない6畳の自室で、おんぼろパソコン1台に、パンツ1丁で汗だくだくになりながら向かっていた。そんな徒手空拳みたいなスタイルではじめたんだぜ。

何度も言うが、これからは、**突出したモノやコト、人に対してお金が集まる**ようになる。

そしてすでに話したように、ボーダレス化した社会では格差は最大限まで広がる。

そういう状況では、**格差の極に立つ完全に突き抜けた存在だけにすべてが集まるようになる。**

これまで「標準」の規定から外れた生き方をして「はぐれもの」と言われ、疎外感を感じていた人たちにとっては、これ以上ないチャンスだらけの世の中になるんだ。

考えただけで、ワクワクしてこないか?

「絶対領域」で生きると突き抜ける!

知っておいてほしいのは、オレたちみたいな生き方の世界ってのは、**凡庸な奴ら10人よりも、際立った個人1人が圧勝する世界**だ。ボンクラが、何人頭数いようが、たった1人の抜きん出た「絶対領域」を持った人間には敵わない。

「人と同じようなことができる」という程度のレベルというのは、最終的には「工場」と同じ状態である。「人と同じ」ということだ。その行き着く果てというのは、極論「誰がやっても同じ」ということだ。

なんせ、誰がやっても変わらない作業であれば、作業単価の安い人、作業スピードの速い人、クオリティが安定している人のところに仕事は集まる。そんな世界で勝負するのは不毛でしかない。

「人と同じ」というのは裏を返せば「他人と同じことしかできない」ということでもある。そうなると、コスト面やスピード、クオリティの安定性などの「機能面」でしか評価されない。

どこで差が付くかと言えば、**「その人にしかできないこと」があるかどうか**だ。それがあるだけで、金銭面やスピードなどの機能的価値という比較軸から逃れることができる。すなわち、その人の持つ「絶対領域」がどのようなものか？　という世界で判断されるようになる。こうなると強い。

例えば、競合がいないというのはどういうことか？

大きな会社の事例を出してもピンとこないと思うので、割とイメージしやすい人たちを事例に出してみよう。

・**HIKAKIN（ヒカキン）**……もはや語るべくもない感じではあるが、日本のＹｏｕＴｕｂｅｒという存在自体を担うキング・オブ・ＹｏｕＴｕｂｅｒと言っていい人物になった。そんな彼も最初は「ボイパ」を武器にした一芸の人からはじめた。そこから当時のＹ ｏｕＴｕｂｅの主な視聴者層であったデジタルネイティブ世代の少年・少女たちに焦点を当てた番組作りを展開し、いわば「体操のお兄さん」的人気ポジションをネットに打ち立てた。同じようなコンテンツを展開する人も多く生まれたが、「ヒカキン以外はすべてヒカキンのマネ」になってしまうという点で、絶対領域的なオリジネーター（元祖）と言える。

・**キンコン西野亮廣**……お笑い芸人でありながら、「絵本作家」として一躍有名になり、オンラインサロンでも日本一の規模を誇るコミュニティ・ビジネスを展開。果ては自身の作品で映画化まで果たしたというのはまさに現代のジャパニーズドリームの体現者だ。当然この世のお笑い芸人に彼のような存在はいないし、絵本作家の中にも彼のようなキャリアの人間はいない。まさに「絶対領域」だ。

・**中田敦彦**……彼もまたお笑い芸人であるが、特異なところは「教養」に振り切ったところである。ＹｏｕＴｕｂｅ上で「ＹｏｕＴｕｂｅ大学」という番組を持ち、古今東西の歴史から科学、哲学や、文学など、縦横無尽にリベラルアーツ的な領域の語り部として唯一無二の存在＝「絶対領域」を作り出した。ＹｏｕＴｕｂｅ登録者数はチャンネル開設後１年で３５０万人を突破し、本書執筆時点で国内25位となっている。

・**箕輪厚介**……幻冬舎の編集者というサラリーマンでありながら、自分自身のコミュニティを持ち、「編集者」という仕事だけに囚われない活動を展開しながら本業である書籍の世界でもベストセラーを連発している。現代の複業型サラリーマンの「アイコン」的存在として絶対領域と圧倒的な影響力を持っている。

・**マナブ**……海外在住で、「フリーランスノマド」的な生き方を実践しつつ、オンラインビジネスを軸にびっくりするような収入を得ている現代のスーパーリバタリアン。若者に増えてきたオンラインビジネスノマドの代表のような存在になった。海外に住んでいる人も、オンライン系の仕事でノマドをしている人もいるが、そのすべてを究極的に実践して「絶対領域」化している。

・**MB**……もともとはファッションバイヤーとしてサラリーマンをしていたが、「ファッション音痴」層に的を絞り、ユニクロを主体とした格安アイテム中心のコーデを提案するファッション情報発信者として一躍唯一無二のポジションを得た。発行する有料メルマガは、個人配信者として日本一。書籍累計刷数100万部と、ファッション業界で並ぶもののない「絶対領域」を築いた。

・**鈴木実歩**……ＯＬからの独立起業を果たし、「女性起業」ブームのアイコン的存在となった。ＳＮＳ女子起業の中心的存在として一世を風靡した後、「オンライン朝活」コミュニティとして日本最大規模を誇る「めざチア８」を主宰。「女子起業と言ったらこの人」的な存在として、他に比べるべくもない知名度と人気を持つ「絶対領域」の人となった。

などなど……ここに今挙げた人たちはほんの一例だ。

まだまだ挙げていくときりがないくらいの事例を並べることができる。

これが数年前までだと、なかなかこういった「個人の絶対領域」をオンライン上でわかりやすい形で表現できている人もまだ少なかったが、現在では破壊的なまでの数字を、単身で実現している人たちは想像以上に多い。

まさに「絶対領域の時代」と言える。

「絶対領域」を持つ人の強み

逆に、そういう「自分にしか提供できない価値」を持っていれば、世間の相場を無視して、自分のルールで仕事を進めることができるようになる。

これ、本当に極めつけのトップクリエイターになると、さらにすごい世界になる。

かつて、アレクサンダー・ゲルマンという世界的なデザイナーと仕事をしたことがある。彼にオレが新しく立ち上げた会社の「ロゴ」を依頼した。ゲルマンは、アメリカのポップカルチャーのアイコン的存在である「MTV」のロゴを作った人物だ。いわば、現代的な「アメリカンカルチャー」そのものの意匠を手掛けた人物と言っていい。他にもクライアントには、Apple、NIKE、SWATCH、DELL、ユナイテッド航空など名だたる世界的企業が連なる。日本では羽田空港のリブランディングを手掛けた人物としても知られる（余談だが、羽田空港は2020年世界の空港ランキングでシンガポール・チャンギ国際空港についで2位。世界屈指の最強空港として名高い）。

また、アカデミックの世界においてもイェール大学やマサチューセッツ工科大学メディアラボで客員教授として教鞭を取り、ニューヨーク近代美術館（MoMA）、フランス国立図書館など世界的な美術館には彼の作品が永久所蔵される。ニューヨーク近代美術館では「あらゆる表現（メディア）において世界で最も影響力のあるアーティスト」にも選ばれるなど、現代のマルチメディア、広告デザインの世界の頂点を極めた男と言える。

そんな男にデザインを頼むことになった。ギャラは今紹介したとおり相当に高名な人物なので、当然目が飛び出るほど高額だということは覚悟して依頼をした。そのとき支払った額は約300万円。彼の名誉のために言っておくが、これは相当なディスカウントが入ってこの金額である。彼くらいの世界的なデザイナーになると、まともに有名企業のコーポレート・アイデンティティ開発を頼んだら、おそらくこんな金額ではきかないだろう。たまたま知人のつてがあったのと、オレが当時作った会社でゲルマンと別の仕事をする機会があり、「知り合いのよしみ」というやつでこの金額で仕事を引き受けてくれたのだった。

それでも300万円という金額は、オレみたいな小さな会社には、それなりの負担ではある。

今どき、「ロゴデザイン」なんてクラウドソーシングや、スキルシェアサービスなどを利用すれば1つ5万円もあれば十分なクオリティのものが手に入る時代だ。しかし、他のデザイナーと「相見積」は一切しなかった。「誰でもあまり変わらない仕事」ならいわゆるコンペのような形にしたり、相見積もりをとってコスト比較をベースにした判断をすることもあるが、このときは一切の比較も交渉もせず一つ返事でゲルマンに依頼した。世界にデザイナーは数いれど、「アレクサンダー・ゲルマン」は他に2人といない。彼しかできないデザインがあり、それは彼の持つ「絶対領域」が為せる業であるということを理解していたからだ。立ち上げたばかりの会社にとって300万円というデザイン料は、安い金額ではなかったが、彼以外に頼みたいと思えるデザイナーはいなかった。いや「彼に頼みたい」と強く思った。彼と仕事ができること自体が物凄い体験価値だし、彼が生み出したものを使って仕事ができるというのは請求提示金額以上に価値があることだと思えた。これが、まさしく、「掛け値なし」というやつだ。

このように、**「絶対領域」**を持った人になれば、ライバルは関係なくなる。

「世間の相場」が基準ではなくて、「自分が基準」の世界になるからだ。

だから、極論だがすべて「自分言い値」で仕事を進めることができる。

その仕事はキミでなければできないから絶対的な世界になるというわけだ。

このように、**「自分にしかできないこと」＝「絶対領域」**を突き詰めていくと、極端な話、ライバルは消失する。競合の力を無効化し、世間的な相場を完全に無視できるくらいのパワフルな魅力を放ち、人を引き付ける吸引力を持つことができる。

オレ自身も誰かと仕事をやるときは、そこを一番見る。

そういう領域を持った人と仕事をするし、そんな魔法を使える人たちの匂いをかぎ分けて、誰とやるかを決めている。

そうそう。オスカー・ワイルドっていう、19世紀末文学を代表する文豪がこんなことを言っていたよ。

“Be yourself, everyone else is already taken.”

「自分自身であれ。「他の誰か」はすでに埋まっているのだから」

な？　やっぱり、オレたちは「オレたちである」理由を求めて生きていこう。

自分にとっての「正しさ」を掲げる

何が重要かって、自分の中にある世の中にぶつけたいもの、訴えたいもの＝「情熱」だとか「信念」みたいなものの有無だ。ただし「本物の」情熱、「本物の」信念でなければダメだ。そのためには、**自分の中にある「正しさ」**ってやつを大事にしてほしい。しかし、これがない人は、案外に多い。

「本気です」とか、「真剣です」と言うわりに、

「なぜその仕事をしているの？」

「なんで今の活動をやっているの？」

と聞いてみても、なんだか釈然としない答えばかりが返ってきがちだ。

言い方は悪いけど「その程度」じゃあ、世の中には貫けない。

言うなれば、その人の活動が最根幹からぶっといもので支えられているか、あるいは表層

的なものかっていうのを分けているのは、つまるところその取組みの中にある「自分が信じるもの」の有無だと思うんだよね。それがなければ、正直言って、その人がやる必要ってそんなにない。だって、ほとんどのことって他の誰かもやっているわけだから。

中途半端な情熱や、信念がないものっていうのは、どこか薄っぺらいよね。そういう人がやっていることって、仮にお金は儲かったとしても「その先」へいけない。「その人じゃなきゃだめな理由」がないんだから、その人と一緒にやる必然性みたいなものも感じない。つまり「選ばれない」。「キミじゃなきゃダメな理由」、「キミだけがやれること」、これを問い詰め、研ぎ澄ましているかっていうことに尽きる。究極的にはそういう部分が試される。

キミが、**何を正しいと思っていて、何はダメだと思っているのかっていう自分のフィルターを通したときの世界の見方なり、捉え方、考え方みたいなものが問われる**んだ。

そういう「自分の信じる正しさ」——言い換えればこれを「美学」や「哲学」と言う人もいるけど——とにかくそういうものが欠落した信念のない薄っぺらいやつは、すぐに見抜かれる。本物ほどそういう人の薄っぺらい臭いに敏感だから、すぐに嗅ぎ取る。当然、根っこを共有した「まともな仲間」も集まらない。**「絶対領域」**を確たるものにしていないと、この世に自分をねじ込むってことも、自分が信じていることを貫くってこともままならないわけよ。

じゃあその「正しさ」ってなんなのか？

ぶっちゃけ世の中には、絶対正義なんてないんだよね。逆に、絶対悪もない。

正解はなく、自分で作るしかない。そういうもんだし、それでいい。

「自分が信じるもの」に対して純度高くあれるかっていうことが一番の焦点だ。


例えば、最近「ヴィーガン」とか流行っているよね。

彼らの主張はこうだ。

「人間様の都合で他の生命にとって嫌なことをするってのはおこがましいことだ」

だから彼らは菜食主義を貫く。

一見その通りに思うし、部分的に共感できる部分もある。

だけど、見方を変えたら、この世はすべて食物連鎖でできているし、自然界の動物だって他の動物の命を自分たちの生存のために奪う。捕食関係で自然界自体が成立していると考えれば、わざと肉食を禁ずるというのは不自然なこととも言える。


他にも、「男女平等」みたいな問題も近いものがあると思っている。

確かに男女の別で、機会が奪われるというのは不平等かもしれない。

ただ、これも自然界の生物として考えると、哺乳類、爬虫類、昆虫類など種を問わず、ほとんどの地球上の生命体には「男女」という決定的な差がある。

例えば、ハイエナという動物がいるが、ハイエナの社会では絶対的にメスが頂点に君臨する。メスのハイエナの最下位の個体が、オスの最上位個体よりも絶対的に社会的ポジションは上と決まっている。同じネコ科であっても、ライオンの場合はそれと真逆だ。絶対的にオスが集団の頂点に君臨し、メスはそのオスを頂点とした小さな社会集団を形成する。その序列が覆ることはまずない。そう考えると、「男女平等」の御旗を掲げ、それを成立させようとするのはあらゆる動物の中で人間以外にいないという奇妙な構造が見えてくる。確かにひと昔前までのように極端な「男尊女卑」的な社会規範は、現代の人類社会にそぐわない側面はあるかもしれない。

だが、見方を変えれば、性差が存在する以上、役割の差は存在するほうが自然とも言える。それを無理くり「なんでも同じで」とやろうとするほうが、自然の理に反していると考えることもできる。


オレは何も、こういった特定の分野に関して持論を主張したいわけじゃない。今挙げた例は、もののたとえだと思ってもらえればいい。

言いたいことは何かって言うと、**こういうのは全部物の見方、捉え方でしかない**ってことだ。だからこういう問題に対して「絶対正義」を掲げて対立してみても何の意味もない。

そんなものはどこまでいってもありもしないのだから。

あるのはシンプルに、「彼らは彼らの正義を信じている」ということだけ。つまり、**どこまでいっても正しさというのは、自分の中にあるもの**だということだ。どこまでいってもそれだけなんだよね。人間界っていうのはこういう「各々の正しさ」で対立が生まれがちな世界なんだよね。1つの立場があれば、また真逆の立場を取る人たちも存在する。

例えばキミは「お金持ちの自由人になりたい！」と思っているかもしれないけど、「そんなのはいいから、自由とかより社会の役に立つこととしてくださいよ！」って本気で思っている人もいるかもしれない。こんなふうに**正義なんていうものは、非常に相対的なもの**なんだ。だけど、オレは**それを掲げていくことに意味がある**って思っている。だって、それくらいしかオレたちがオレたちの哲学＝自分にとっての正しさを正当化する手段なんてないでしょ。

自分が自分にとっての正しさを失っちゃったら、終わりだよ。

多少人から「あいつはおかしい」くらいに思われているくらいで、もしかしたらちょうどいいのかもしれない。事実世の中というのは、そういう偏った奴らの偏向性で、変わっていくからね。そもそも本当に無難なやつは、この本すら手に取らないだろうから、少し変わった人が読んでくれていると思うんだ。だから、あえてこういうことを言ってる。

自分の中の「変な部分」＝偏向性を認めて「自分の正しさ」として誇り、掲げてみてほしい。世界中の誰もが「変」だと思っていることでも、自分では「正しい！」と思えなければ、自分という存在は社会的に消えちまう。

だから一番大切なのは、まず「自分にとっての正しさ」を各々が掲げること。そしてそれを、誰かの目の前に差し出して、握手して、と融合していくことなんだ。それを続けていって、繰り返していく中に、世の中は少しずつ、変わる。

諸君、狂いたまえ

自らの信じる価値観を世の中にねじ込みたいと思う人に、1つ伝えたいこととしては、**「狂え」**ということだ。断言するが、世の中に新しい文脈を敷く人や、新しい文法で挑む人に絶対的に必要になってくるものは「狂気」である。

――**「諸君、狂いたまえ」**

これは、吉田松陰が残した言葉であると言われている。さらにこの前段に、「狂愚《きょうぐ》まことに愛すべし、才良まことに虞《おそ》るべし」と述べられている。これは、「お前はバカだ、と言われるくらい狂った情熱を大事にしろ、頭がよいだけで口先で生きてるやつにはなるな」というようなニュアンスだろう。

現代日本の立役者たちを育てた日本史上稀代の教育者であった松蔭は、「狂」という概念や言葉を愛した人だと言われているが、この大先人の言葉をオレたちは、この現代において、なおいっそう噛み締めたい。最近、殊に「好きなことを仕事にする」的な文脈が一人歩きするようになって久しいが、この生き方を文字通りの形で実現できる人というのは少ない。ファッション的にこの言葉を憧憬《どうけい》し、盲従しがちなワナビーが大半だ。そういう奴ほど松蔭が指し示すこの言葉をよくよく煎じて飲まねばならぬ。

オレはこれまで長きにわたって「好きを仕事に」が実現できている人たちを観察、研究してきた。その経験から見えたのは、彼らに共通することというのは「狂おしいくらい好きを貫いた」ということだ。この**「狂おしいくらい好きだ」というのがポイント**だと思う。

おそらく、本人たちに「なんでそんなに『好き』なんですか？」と聞いてみても、おそらく「別に好きとかじゃねえよ」って答えると思う。そういう人たちが住む世界というのは、世の中的な意味合いで言う「好き」なんてとっくに越えちゃっているんだよね。むしろ傍から見たら、それはもはや「狂気」というレベルに近い代物だというのが実際のところだと思う。

ただ、どの世界でも、自らの手で新しい領域を拓いたり、新しい価値観を世の中に埋め込んだりした人たちというのはこの「貫く」ということを、自ら纏った狂気と共に成しえている。**これが綺麗事抜き、モザイクなしの無修正で「好きを仕事にする」ということの実態を**

丸裸にしたときに言える真実の姿である。オレが提唱している「絶対領域で生きる」ということは、言うならばそういう領域に足を踏み込んだ人たちの世界だ。

たぶん、オレたちはもっと狂わなければいけない。

自らが対峙するものに、尋常でない熱量と、集中力を込めてやりぬかなければならない。耳が痛いかもしれないが、それだけが「絶対領域」の母だ。

そして、ある種の狂気を飼いならすことができれば、キミには「絶対領域」が宿る。その狂気の総量を持ってすると、どんな領域であっても「キミだけの領域」が生まれるはずだ。

そうすると、例えばだけどオレみたいに様々な世界を股にかけていくつものことを同時多発的にやれたり、先程紹介した人たちのように特定の分野で第一人者と呼ばれる存在になれたり、とにかく人気も知名度も、活躍の幅も圧倒的に広がる。

もう少し具体的なイメージが持てるようにヒントをお話したい。

「狂気」ということの1つの尺度として、「尋常ならざる没入」という感覚を持てる、というのを目指してみるといい。持てる時間、意識のすべてを捧げて、自分が向き合っているものに投下する。取り組むテーマに向かい合うとき、ものすごい集中力でもって短期間でねじ伏せるようにやってみる。

圧倒的なボリュームを、短期間で、死ぬほどやりぬくのだ。普通の人が1年かけてもやらないであろうことを数日から数ヶ月の間にこなしてしまおう。少なくとも「そのつもりで挑む」ということが大切だ。

例えば、オレの仲間にある通訳者の女性がいる。

その方は、政府要人や芸能人、世界各国の王族など名だたる著名人の通訳を務めてきたやり手だ。あるとき、仕事で関わっているクライアントのとある著名作家が、イタリアに商談にいく必要があった。彼女の本分は英語通訳者であり、イタリア語は専門ではない。

当然他の通訳者に仕事を依頼するというのが通常だと思うが、その著名作家は彼女に全幅の信頼をおいていた。ただ「言語的変換」ができるというだけではなく、細やかで個人的な領域まで理解している存在だったから「言葉ができる」というだけでは伝えきれない微細な感覚まで含めて、彼女を信頼していたようだった。そこで彼女は、イタリア語を猛勉強することにした。即席ではあるが、そこからイタリア語を徹底的に勉強し、1ヶ月後には見事イタリアでの商談に通訳者として同席。そこでの仕事を成功に導いた。

これが「いくつもの領域を1回の人生の中で自分のものにしていく人」の生き方であり、「絶対領域」を築く人の動き方だ。

狂気じみた集中力で向き合う。それも、短期決戦だと思って、すべてを捧げて挑む。そうすると、1つの領域が、比較的短期間でほぼ自分のものになる。本当の意味での「プロ中のプロ」になるには、ある程度の年月をかけなければ到達できないかもしれないけど、**数ヶ月の濃縮した鍛錬をこなせば、世の中の9割以上の人たちをぶち抜いて「なんちゃって専門家」くらいには余裕でなれる。**そういうふうにして、圧倒的物量から価値を生みだすリソースの源泉を手に入れる。

今、キミに必要なことは「狂う」ことかもしれない。多くの人は無意識のうちにバランスを取ろうとしちゃうけど、一回狂って、偏ってみることで初めてバランスって いうのは取れてくる。狂うこともできない人には、本来バランスなんていうものも生まれない。偏りからしか生み出せないもので、この世の中ってのは成り立っているという側面がある。

短期間でねじ伏せるようにプロになる

蟻という昆虫は面白くて、蟻の集団というのは「すげー頑張るヤツ2割」、「普通にとりあえずだらっとやるヤツ6割」、「何もせず、さぼり続けるヤツ2割」という風に分かれるのだという。これって人間の世界でも同じだよね。大半の人たちは「それなり」にやる。

でもその裏で、色々なものを犠牲にしながらも圧倒的にぶちこんで、頑張るヤツがいる。そういう人たちって、誇り高く狂ってるんだよな。人間社会っていうのも同じで、一握りの「狂った」ヤツらが、世の中の進化や発展を生み出したり、記録を更新したり、新しい領域を生み出したりしている。「格差社会」とかいうけど、結局のところ圧倒的な狂気で取り組んで「絶対領域」を手に入れたヤツらは、皆しっかりぶち抜けた結果を生み出しているんだよな。

最近のオレのパターンと言えば、もっぱら、こんな感じ。

(1) 自分が極めたいと思う領域をマスターしている先生を見つけちゃう

……どの人に稽古をつけてもらうのがいいか調べまくる。このときに「肩書」や「実績」だけに惑わされてはいけない。技術的に卓越していることは当然として、哲学的にもその世界のことを学ぶに相応しい考え方を持っている人に付くことを薦める。自分の中で「この人がNo.1だ」と強く思える人は誰だろう？　という視点で、自分が極めたいジャンルにいる先人たちを並べて、探そう。

(2) すぐさまコンタクトをとって習いにいく

……「この人！」と思える人がいたら、連絡をとってすぐさま弟子入り志願をしよう。「すぐさま」ってのがポイントだ。偉い人だったり、人気者だったりすると気後れしてしまうかもしれないが、案外そういう人というのは周りが勝手に遠慮をしているから飛び込んでくる人間には優しかったりする。躊躇をせずに飛び込むというのが大事だよ。

（3）すぐさまプロと同じ環境を手に入れちゃう

……「この分野のことを極めてみるぞ！」と思ったら、同時にすぐさま環境を構築しよう。このときのポイントは「その分野のプロが実装している環境と同じ環境を自分でも手に入れる」ということだ。多くの人がやりがちなのが「自分はまだ初心者だから」ということでルーキー的な選択肢で環境を作りがちということ。それは「すべてを捧げて臨む」という姿勢とは程遠い。そのときの状況が許す限りにおいて、いきなりプロが使うクラスの機材や道具を揃えたほうが良い、というのがオレの意見だ。その業界のプロたちと同じ前提で戦えるようになることを目指すわけだから最初からそのくらいを基準点にしてはじめたほうが絶対にいい。様々な分野で短期間でプロになってきたオレが言うのだから間違いないぜ。ここはすごく重要なポイントだ。勝手な遠慮をして、アマチュア的な選択をしてしまうことが多いという人はここを見直してみるといい。その業界の一流の人たちが選んだものというのは、プロがそれなりに色々なことを試した上で選び取っている最適解としてのソリューションであることが多い。ならばそれを使ったほうが万事においてやりやすくなるに決まっているからである。

（4）あとはひたすら実践。練習。反復

……自分の生活の中で、ねじ込めるところに基本的にすべてねじ込んで実践を重ねていこう。それぞれの業界には、物事にはすべて、ある閾値を超えると、一気に決壊するようなポイントというものがある。そこをひとまず突破するまでわき目も振らず頑張る。例えばギター演奏でいえば「Ｆコードの壁」というものが有名だし、ウェブ制作ならばＨＴＭＬをリファレンスなしで書けるくらいが基準になるだろうか。なんにせよ、そういった「初心者から中級者になるティッピング・ポイント」みたいなものがどの業界にもだいたいあるから、そこにまずできる限り最短で到達できるように、一気に習得することを目指そう。

このようなやり方がオレが何かをマスターしたい、プロになりたいと思ったときに取る行動だ。だいたいすべてが中途半端になってしまっていたり、何も特に武器になるようなスキルがないという人は今お伝えした４つの項目を点検してみるといい。個人スキルの急速成長をいかにして生み出すか？　ということに対して長年オレが工夫を重ねてきて見出した「物事を短期間で極めて自分の武器にする技術」だから、割と参考にしてもらっていいんじゃないかと思うよ。

大事なことをまとめておくと、**「よく調べろ」**、**「だらだらやるな」**、**「最初から最高水準の**

基準でいけ」、「ゴリゴリに短期間で詰めて集中しろ」っていう4つだ。

なんでもそうなんだけど、例えば「英語を話せるようになりたい」と思ったときに英単語帳を多くの人は買うと思う。その本を何ヶ月もかけてやる人って多いんだけど、オレに言わせればそれがもうすでにダメなんだよね。基準は「1日で全部通読」をする。できれば1日のうちに気合で2往復くらいできると最高だ。それを単語帳を買ってきたその日にやる。で、その後の勉強は、何ヶ月もかけなくていいから2週間で何往復もする。例えばだが、大学受験に使うような基礎的な英単語2000語くらいなら、断言するがこのやり方を使えば2週間もあれば全部覚えられる。多くの人が半年とか1年かけてやっていく工程をギュッと圧縮して、2週間にしちゃうんだ。この次元圧縮的な時間の濃縮ができるかっていうのが差を作るよ。

このアプローチを覚えたら、普通の人がダラダラとやるのの数倍は早く物事を習得できる。「いつか自分もできるようになりたいな」と妄想だけ描いている人と比べるなら、余裕で数百倍は差がつくだろう。

これがオレたち凡人でもできる「狂う」ってことの実践の1つだ。
こんなイメージでやってもらったらいいと思う。
嘘だと思ったらやってみな?

ちなみにオレは大学受験もこのやり方で突破したし、ウェブ制作のスキルも、写真撮影のスキルも、こういうふうにして覚えた。

試しにキミもやってみてな。楽しくなってくるよ！

限界をこじ開けるのは、そういう自分の狂気じみた情熱と、覚悟に下支えされた圧倒的な物量的行動なのだ。狂って、偏って、ぶち抜こう！

「小っちゃな革命」を起こそう！

時代が変わるときというのは一瞬だ。しかし、予兆というものは「その瞬間」を目掛けてじわじわとやってくる。今社会をこれまで統治してきた様々な機構や組織、システムってのは破たんしかけている。これは言うなれば「その瞬間」への予兆だと思っている。

その変化の途中っていうのはグラデーションのようになっているから、そこに立っている我々は変化を体感しにくいかもしれない。

だが、いつだって「そのとき」＝パラダイムシフトというのは一瞬で起こる。

「そのとき」がきたら、一瞬で事態は急展開し、全く違う世界で生きることになる。

あるときを境にして、きっと「次の未来」へ移行している。そういうものだ。

そして、変化の過渡期では、様々な「これまで」的なものがほころびを見せる。

最近「日本はもうオワコンだ」みたいなことがよく言われるが、この問題を考えるとき「沈没船」になぞらえてみるとイメージしやすい。

船が沈没しかけているとき、あなたならどうするだろうか？

(1) ヤバイけど、そのままましがみついておく。
(2) ヤバイから、とっとと逃げ出す。

さて、どっちが正解でしょうか？

さて、正解は……（ちゃんと考えてね）

どちらも不正解！　残念！
ごめんね！

（1）の沈没しかかった船にしがみつくのは、バカのやること。

沈没することがほぼ確定しているのに、そのまま乗っていたら、溺れ死ぬことは確定だ。

それなのに多くの人は「船は沈まない」と思い込んで、必死でしがみつこうとしている。

その様というのは、どう考えても日本軍の負けが確定しているのに、戦争をうまく収束できずに泥沼にはまっていった、かつての帝国軍時代の日本に似ているかもしれない。

まず気がつくべきは、「船は沈みかけている」という現状を正しく認識することだ。

（2）の沈没しかかった船から脱出しようとするのも、バカだ。

逃げ出そうとするやつは、もっとたちが悪い。

例えば、日本って国はもう長いことずっと景気は悪いし、税率は高いし、色々制度は遅れているわけで、正直「終わってる」側面はたくさんある。だからといって、国外脱出して外国に行って日本人としてのアイデンティティまで捨ててしまう奴は魂まで売り渡した俗物だ。沈没しかかっているかもしれないけど、その船に少なからず命を預けてここまできたんじゃないのか？　それを見捨てて、パッと変わり身する奴なんて、オレはちょっとどうかと思うね。

古くなって沈没しかけている業界を「終わった。もうだめだ」と見捨てるのは簡単だ。だが、そんなことをしても意味がない。単なる悲観論だけなら、それを飯の種にして面白おかしく書き立てる世間のジャーナリストたちに任せておけばいい。

オレたちは傍観者ではなく、当事者だ。当事者としてできる、最善のことをするしかない。

じゃあ、どうすればいいのか？

……正解は！

オレの答えはこれだ。

「沈没しかかった船に立ち、新しい船を作り出す」

船は沈むまでに多少時間がある。それまでの間に次の船を作れば、うまくシフトできる。新しく皆が乗れる船（＝構想や枠組み）を作る。そしてそこに仲間を集め、帆をかかげたら、また新しい船出ができる。オレたちはその船の船長で、その集った仲間たちと新しきを生み出すある種の革命を起こしていくリーダーだ。

今が「オワコン」になりかけているとか、どうでもいいし、関係ないぜ。

今っていうのはしょせん「過去の集積」でしかない。

「未来」は「今」作ればいい。そこに挑む奴が今までも、これからもこの世を作ってきた。

キミが、今はたとえアングラな、日の光の当たらない存在＝「はぐれもの」だとしても、だ。

旗を掲げ、革命を遂行した時点から、一瞬でキミは「あっち側」の人間になれる。

破壊と、創造……永遠につながり続ける輪廻の中で、人類の営みは続いている。

その中には、辛い場面も、深刻な局面も、色々あったし、これからもきっとある。

しかし、立ち止まってはいけない。

それが「生きる」ということだからだ。

破壊と創造のとめどない鬩《せめ》ぎ合いこそが、人類の営みそのものなのだから。

そして今、日本という国はまさにそういう局面にある。

世界有数の長い歴史を持ち、何度もターンオーバーを繰り返していたオレたちの国は、かつて敗戦した小国であるにもかかわらず、短期的に世界が驚くような目覚ましい成長を遂げた。

飛ぶ鳥を落とす勢いの経済を武器に、一度は世界経済の頂点付近まで駆け上がった日本は、ここ最近、いや、ずいぶんと長いこと構造不良や制度疲労の中で意気消沈とした時間を過ごしている。

再び、破壊と創造のターンオーバーが必要な時期に差し掛かっているといえよう。

だから、オレたちは立ち上がり、**「小っちゃな革命」**を起こさなければいけない。

今起こさなければ、きっとそのうち本当に手遅れになる。

逆にそこに挑んだ**「はぐれもの」**たちが次の時代の英雄になる。
さっきも言ったけど、このことに気づきはじめた**「はぐれもの」**たちが、どんどん**「小っちゃな革命」**を起こしはじめている。もうすでにその予兆を感じはじめた人たちが、そこらじゅうに現れはじめているんだ。例えば医療、例えば飲食、例えば農業、例えば教育……様々な分野で、小っちゃな専門家、小っちゃな個人、ちっぽけな存在が世の中にひずみを生み出し、再創造のストーリーを描きはじめている。

彼ら1人1人ができることは小さいかもしれないけど、やっていることはビッグだ。

こういう**「小っちゃな革命」**を起こしていける人たちが、これからの時代の主役になるとオレは思っている。

オレたちにしかできないことで、「小っちゃな革命」を起こしにいこうぜ。眠たがりなセカイを叩き起こすんだ。そして、1ミリでいい、セカイを変えていこう。

第4章
「自分を生きる」をはじめよう

自分の生きる人生を愛せ。
自分の愛する人生を生きろ。
――ボブ・マーリー

日本社会がオレたちにかけた「呪い」から解放されるために

そろそろキミも**「絶対領域」**を確立して「自分を生きる」ってやつをはじめてみたくなってきたんじゃないだろうか?

そう思いはじめたとき、申し合わせたようにオレたちの前に立ちはだかる大きな障害がある。何かというと、**「頭ではわかっちゃいるんだけど、うまく動けない」**っていうことが起きる。

やってみようと思った途端、不思議とこの壁にぶち当たるんだよね。

頭では十二分にイメージできて、理解しているはずなのに、思ったようにダイナミックに動けない。どう頑張ってみても、なぜか手も足も言葉も出ず、行動に移せない……。

「人生を変えよう」というときに、必ずと言っていいほどこの問題が立ちはだかる。

だから、ここで、このメカニズムと対処法について解析しておきたい。一歩を踏み出そうとしたときに必ずと言っていいほど、足を引っ張られがちなこの謎現象を解明して、さっさと次にいってほしい。

なんでこんなことが起きてしまうのか? それは、実はオレたちには「呪い」がかけられているからだ。その呪いの正体とは、オレたちが幼少の頃から受けてきた「教育」。それが正体だ。「教育」という言葉を聞いて、悪いものだと連想する人は少ないだろう。当たり前すぎる「教育」というシステムに、その善悪自体を、疑いすらもしなかった人も多いのではないかと思う。

しかし、紛れもなく、教育というものはある種の洗脳システムなのだ。

どの国でもそうだが、教育というものは、例外なく、「必ず」社会（国家）にとって都合の良いように恣意的に設計され、操作されている。これはそれが良いとか、悪いとかいう議論の対象ではなく、本質的にそういう性質を孕んだ「そういうもの」だってことを知っておくといい。

権力者たちはそんなことは口が裂けても公言はしない。だが、日本だけでなく、世界中共通して「そういうもの」として運用されているのは、一部の人たちにとっては、ちょっとした常識だ。

「教育」というと、オレたちはなんだか崇高な響きあるいは善なる響きを感じがちだが、真実は、そういう側面だけでない。気がつかないうちにスルリとオレたちの潜在意識に介入して、無意識のうちに行動パターンに制限をかけたり、コントロールをしてくる。

裏を返せば社会や国が我々に与える教育というものの本性は、「コントロールシステムの刷り込み」にほかならない。

ある意味で言えば、**オレたちというのは、国家によって育てられた教育の奴隷なのだ。**

そのいい証拠に、オレたち日本人の先祖は、第二次世界大戦時、教育によって恣意的な思想統制を受けていた。そのせいで、明らかに負けるとわかっていた戦争に突入した。

国家の上層部から、最下部まで完全に頭がバグッていると言わざるを得ない最悪な判断を取り続けた。結果、日本は人類史上、最も大きい戦争の大罪人として国際政治の舞台でレッテルを貼られることになった。実際には、戦争が起きる前も、戦時中も、様々な力学がそこには働いていてそうなったのだろう。少なくとも当時、教育現場から国民の思想コントロールが行われていた様子は、戦争を描いた手記や映画、漫画、小説など、当時の記録が描かれた資料や作品を読んでも明らかだ。

時代こそ違えど、教育というのは現代でも、、国家が国民に対して恣意的な思想コントロールを行っているという側面がある。

日本の奴隷育成システムとしての教育

社会思想家・ルソーは、自著『エミール』の中で、こんなことを言っている。

「教育とは自然の性、すなわち天性に従うことでなければならない。……国家あるいは社会

のための目標とし、国民とか公民になす教育は、人の本性を傷つけるものである」

含蓄深い言葉だなと思う。

要するにルソーは「本来恣意的な歪んだ教育なんてもんは、人にするもんじゃない」って言ってるわけだよ。

さらに、ドイツが生んだ超人哲学者・ニーチェはこんな指摘をしている。

「あらゆる人間は、いかなる時代におけるのと同じく、現在でも奴隷と自由人に分かれる。自分の1日の3分の2を自己のために持っていないものは奴隷である」と。

やばいよね。この言葉で目がハッとする人も多いのではないだろうか。

このニーチェの文脈を拝借すれば、オレたちの大半は、どう考えても「自分の1日の3分の2を自己のために持っていない」状態にあるし、「人間の本性」を奪われているってわけよ。

教育っていうものを無条件で性善説的に捉えていた人は、ある意味で、いいように洗脳されていたと言ってもいいかもしれない。

こんな具合で、オレたちは、幼い頃から教育によって、たくさんの「呪い」をかけられてきている。彼らは、まだウブなキミに、もっともらしい社会規範や、国家にとって都合の良い思想的枠組みを気がつかぬ間に押し付けてくる。「教育」というシステムは、身近でありすぎるがゆえに、気がつかないし、抗えないという点において、ある意味たちが悪い。

オレたちはその呪いを1つ1つ解いていくところからはじめなければいけない。この国の教育は、あるいは我々の身近な人たちは、オレたちにどのような洗脳を与えてきたのか。そして、どのようにその洗脳を与えた呪いの呪文を解いていけばよいか。

ここからそのヒントをお話していきたい。

呪いその1：没個性のほうがいいよ

オレたちは小さなときから、ことあるごとに「目立つな」と言われて育つ。「分相応にしなさい」とか、「はみ出すな」とか。

枠からはみ出てはいけないという制限型教育。このせいで、他人の目を気にして生きている人は多い。そのせいで個性を発揮することに躊躇する癖がついてしまっている。

日本は長らく非常に閉鎖的な村社会を最小のコミュニティ単位として社会が回っていた。だから、そのコミュニティからはじき出されると実質上生きていくことは非常に難しかった。

だが、もはやそういう時代ではない。**同質化した先に待っているのは、「おいてけぼり」の未来**だけだ。だから他人の目を気にする必要はもはやない。もっと好き放題やっていい。

高校生のとき、オレは先生に積極的に質問する子だった。

そしたら、保護者会のときに「原田君が授業妨害をしているそうです！」と議題に上がったらしい。オレの立場を表明させてもらえれば、先生が「何か質問ある人」と聞いてくれるので、わからないことがあるから手を挙げて質問をしているだけだった。それを、「授業妨害」と言われてしまうのだから、たまったもんじゃない。

こんなふうに、この国では、ことあるごとに、あらゆる面において個性や「らしさ」が犠牲になる。代わりに「没個性」をお手本として、真似をさせられる。

会社に入ってもそれは変わらない。基本的に前例のあることを忠実に真似をしろと教わる。

確かにそれでうまくいくこともある。し、あった。

だが、それは前時代の成功方程式だ。大量生産、安定稼働が求められた時代に個性はむしろ不必要だった。何よりもまずほかの人たちと同じことができて、「歯車」になることがそれなりに価値を生んでいた時代だからだ。世の中が工業社会だったからこそ成立した正義なのである。

だが、今はもはや時代が違う。工業社会は終わりを告げ、「目に見えないもの」に価値の中心が移行しつつある。言うならば、現在は「価値主導の経済」と言える。これはすなわち、「モノを作り出せる」ことではなく、有形・無形を問わず「価値を生み出す」ことができることがお金を稼ぐ、ということと直結する社会になった。そうなると、かつてのように「誰かの真似」をして、それを「効率よくやる」ことを頑張ってみても、もはや決定的な差を作ることなどできない。

「価値を生めるか」が何よりの勝負だから他人の模倣をするだけでは平均点しか取れない。平均点では人を感動させたり、驚かせたりするようなことはできない。

つまり及第点が出せたところで、意味などないのだ。

とにかく、最悪なのはいつも、いつまでたっても同じような「無難な選択肢」を取り続けてしまうことだ。なんで「分相応」を意識しないほうがいいかっていうと、ボーダレス化する社会の中では、**「真ん中」が価値を持たなくなる**からだ。**「偏差値50」価値ゼロ**なんだよ。圧倒的に突き抜けた「偏差値75」か、あるいはむしろ「偏差値30」のほうがよほどいい。「偏差値50付近」＝真ん中というのは「無個性」ということを意味する。そして世の中のボリュームゾーンというのは「真ん中」に属する人が大半だ。つまり、「真ん中」を選ぶということは、「その他大勢と同じ」ということを自ら表明しているようなものだ。他にもたくさん似たような人間がいるということは**「いてもいなくてもどっちでもいい」**存在だとみすみす言っているようなものなんだよね。

だから、これからは「真ん中」を選んだものから淘汰の対象になる。

ボーッとしたまま生きてなんとなく「分相応」という範疇に収まるものを選んでいくと、「真ん中」になってしまう。つまり、「今までの価値観的に分相応なもの」を選択した瞬間からボーダレス化する時代では、淘汰の対象になる。だから、絶対に分相応なんて選んじゃだめなんだ。

でもオレたちって、とにかく小さい頃から親や先生や、会社の上司やら周囲の大人たちから「分相応なことをしなさい」とか教えられるじゃん。こんな具合にさ。

会社でよくありそうな風景

上司：「おお、新しい時計を買ったのかね」

部下：「はい！　こないだのボーナスで、学生のときから貯金していたお金と合わせて、奮発してロレックスのデイトナを買っちゃいました！」

上司：「なるほど、いい時計だね。でもキミは『分相応』っていう言葉を覚えたほうがいい。オレだって、部長がセイコーの時計をしているから、それ以上の時計はしていないんだ。わかるかな？　キミの行動は『浮いている』んだよ。もっと『空気を読み』なさい。というわけで、明日からよろしく頼むね」

部下：「……はい」

日本社会って、いたるところで、終始こんな具合だよね。

就職をするときなんかも「リクルートスーツ」とかあるけど、あんなものが存在するのは日本だけだぜ。デパートとかで試着をするときなんかも、「お若い方ですので、こちらのほうがいいかと思います」とか余計なこと言われたことない？　「お若いから」ってなんだよって感じがするんだよね。好きなものを着てりゃいいじゃん。オレは別に20代が高級スーツを着ててもいいと思うし、逆に経営者がTシャツにハーフパンツでうろうろしてても別にかまわないと思う。

よく「ブランドものは20代が持つとか、明らかに分不相応でおかしい」とかいうセリフも聞くけど、別に日本人にとってはブランドすらすでにコモディティみたいな価値でしかないんだからその論議の前提自体変な気もするんだよね。

ことあるごとに日本っていうのはこういうところで「分相応」を押し付けようとする。そういう風に、若者の選択をことごとく否定するような風潮を作っておきながら、おっさんやおばさんたちはやたら「最近の若い子たちは消費をしなくなっちゃった。我々が若い頃は……」ってな調子ですぐに老害演説をはじめてくる。超ナンセンスだよね。いつの時代でもそうなんだけど「空気を読みなさい」とか言って、謎の「分相応」を押し付けてくる先輩たちは多い。

オレの事例になっちゃって申し訳ないけど、オレは普段は980円のヘインズのTシャツにユニクロのジーパンみたいな、割といい加減な格好をしている。それは普段は別に誰にも会わないからだ。

だけど、人前に出る仕事のときは若い頃からずっといいスーツしか着てこなかった。それこそ大学生のうちからサルト（仕立屋）と付き合ってきて、ばっちり体系にフィットしたサイジング完璧のオーダースーツを着込んできた。それがオレのモットーだった。お金がない頃から、そこだけは無理してた。貧乏くさいルーキー向けのヘロヘロしたスーツなんて着てたら取れる仕事も取れないでしょ。ここで「若いのだから分相応のスーツを」みたいな社会の迷言を真に受けていたら、これまで掴んできたチャンスのいくつかは逃していたんじゃないかと思う。

だからオレたちは、これからは「分相応」をとにかく避けよう。代わりに「分不相応」を選択する。振り切る方向は、上でも下でもいい。オレみたいに普段はいい加減な薄汚い恰好をしててもいいし、アルバイトをしているのに超派手なスーツを着込んでいってもいい。

「どう生きたいか」を基準に選べばいい。

言うなればこういうもの1つ1つが人生の選択だ。

そして自分の「絶対領域」になる。だから、絶対的な自分を中心とした軸で選択をしていい。

そういう行動をとり始めたら、一気にあなたの世界は拡張するだろう。

オレは、これから起業したいという人たちの相談に乗ることも多い。

その経験から言うと、大半の人は「誰かがうまくいった方法」ばかりを探している。そして、そういう人は、不思議とうまくいかない。それは、自ら「没個性」の方向へ向かっているようなものだからだ。つまり本来最も個性的な人種であるはずの起業家になりたいという人たちですら、「誰かの猿真似」に自ら進んでなりにいっているわけだ。それじゃダメだぜ。

囚われのない領域で、自分の夢を描かなければ独立しても結局誰かの奴隷のままだ。

自由か隷属か、それは心のあり方にあるように思う。自ら進んでコモディティ化の道を爆走するか、選ばれるオンリーワンになるか。それは自分が決めることができる。オレたちは、もっと自由に生きていい。そして、自分だけの「絶対領域」を作らなければいけない。

他の何者も侵害できず、誰にも真似ができないような領域を作れれば最強だ。

自分の人生を生きるのに、誰かの真似をする必要なんてない。

必要なのは、真似されるような人生を自分で創造していくことだ。

呪いその2：よくばってはいけません

「よくばってはいけません」っていうのも呪いの言葉だなと思う。「よくばっていないで1つのことに集中しなさい」だとかさ、オレに言わせりゃ、そんなの大嘘なんだよね。

正しくは「迷ったらやれ」だし、2つ以上選択肢があるなら「全部やれ」が正解。

迷ってるってのはやりたい証拠だし、1つに絞り込む必要なんて全くないし、全部やればいい。

1つだけしか選んじゃいけないって、ただの思い込みだよ。全部やればいいんだ。

少なくともオレは、同時多発で色々なことをやる。迷うくらいならやったほうが早いからだ。例えばメジャーデビューした月に、津軽三味線を習いはじめた。三味線の世界でも「名取」といって雅号を持つ、プロになった。音楽の世界でも、出版の世界でも同時多発テロ状態だ。で、この本は実は音楽の世界でメジャーデビューをした月から書きはじめている。

普通ではないかもしれない。だけど、「2つ以上のことを同時にやっちゃいけない」なんていう決まりはこの世にはない。本を書きながら仲間と出版社を立ち上げながら、メジャーデビューをするためにボイトレに通いつつ、10年ぶりに曲作りやレコーディングをしながら、顧問をしている会社の経営アドバイスをしたり、毎月3～4本は講演もしていた。そして、連日深夜遅くまで全国にいる起業家を目指しているクライアントたちにオンライン会議システムを使って指導したりしていた。

こういうふうに、ずっと色々なことを同時多発でやってきた。全部やって、全部やり遂げてきた。だから人とは違う結果を手に入れた部分はあると思う。

同時多発でやらなきゃ、人生あっという間に終わっちゃうからね。やりたいものは全部やったらいい。ただ、1つ覚えておいてほしいのは、「1つのこと」に対する尋常じゃない執着と集中力もないと、いくつものことを同時多発、同時成立ってのはできないってことだ。少し逆説的だけどこれって、同時多発的にいくつもの「やりたいこと」をやっていくのに必要な考え方だよ。

最近だと「パラレルワーク」とかいう言葉が流行っているけど、**いくつものことを同時並行でやって、うまくいく人には「過集中」的に極端にがっと偏るっていう特徴がある。**

プロアスリートの世界でも、経営者の世界でも、アーティストの世界でも、なんでもそうだけど、「突き抜ける」人たちってのはそういう「偏り」に極端なくらいギアを踏み込んだ人たちばかりだ。間違っても「うまく、バランスよく」みたいな人はいない。

本当に秀でた人ってのはそういうバランスを欠いたうえで、より一段上の次元でバランスを生み出している。**わざと偏ることで、アンバランスな部分を生み出し、それを飲み込んで統合し、より大きなバランスを生み出す**……みたいな、そういうところがある。

オレは、選択肢は多くてもいいって思うんだよね。今の時代、むしろ、そのほうが、たくさんの可能性を持てる。自分のカラーパレットの色彩を充実させていたほうが、思いどおりの絵が描けるでしょ？　そうやって色んなものをいっぺんに「オラッ」ってな具合でねじ伏せるようにやってきたっていう経験は、いざというときの武器になる。

なんせ、普通の人たちの基本的なルールは「迷ったらやめておけ。1つのことだけやっておけ」なんだぜ。そして、1つのことすらやらない人のほうが圧倒的に多いわけだから、そりややった人が勝つのは当たり前だよね。だから、「迷ったらやれ」ばいい。

それがいくつあったとしても、ぶっちゃけ大概のことはどうにでもできる。

はっきり言おう。

やりたいことは、全部やれ。

呪いその3：真面目にやらない奴は評価しないから

日本人は真面目だなぁといつも思う。

本当に、無駄に律儀なくらい生真面目だ。

外国に行くとわかるけど、日本ほど真面目に働く奴が多い国はない。

みんな基本的に真面目で、さぼらないし、ちゃんとやる。時給900円程度で働くアルバイトでさえ「お金をもらっている以上はプロだから！」と本当に熱心に働く。どんな安居酒屋にいっても、バカみたいに丁寧に接客してもらえる。海外の高級ホテルにいってもここまで丁寧にされないだろってくらいどこにいっても馬鹿丁寧だ。

それはこの国が、「真面目にやらないと評価しないから」という価値観を長年教え込んできたからだ。日本は国としての歴史は非常に長い。「質実剛健」、「地味」が信条の三河武士・徳川家が作った安定政権が江戸という近世から260年以上も続いてきたこともあって、抜群の安定感のある「真面目に働く仕組み」を誇ってきた。

「親方日の丸」という言葉があるとおり、つい最近まで日本では、国や主人など「親方」に忠義を尽くしていればちゃんとやっていけることが保証されていた。逆に、糞真面目にマニュアルにそって生きていくことから外れたら即アウト。それが日本という社会だ。

だから他のどの国と比べても、真面目にやる人が多いんだろう。

それに日本は狭い居住地域に人口が集中しているから、常に周囲の他人の顔色を窺って生活してきた。そしてそれが美徳とされてきた。だから、他人に良く見られたい（あるいは見栄を張りたい）精神構造が根付いてきたため、オレたちは人前では努めて真面目なフリをする。

酒の席でタガが外れると、ここぞとばかり悪口が噴き出たり、人前で暴れたり、嫌な絡み方をしたりする日本人って多いよね。そういうときに本性がボロボロ出てくるのは日本人の歪んだ抑圧的精神を感じずにはいられない。

思うに、ここにオレたちにとっての大きな落とし穴がある。それは「真面目の不誠実」ってやつだ。真面目であることの、裏返しの論理として、とにかく見た目上、「真面目にやる」ということにだけフォーカスして、肝心な本心をすっぽぬかす。

そういうことが案外に多い。真面目なんじゃなくて、真面目なフリをするのがうまいだけなんだよね。実はみんないい加減なのにね。表面だけ取り繕っても何の意味もない。

1つオレが経験した「真面目の不誠実」の例を出そう。

真面目の不誠実

ある大雨の日のことだった。

突然降り出した大雨に避難場所を求めていつもはまず入らないファーストフード店に駆け込んだ。当然ずぶぬれだった。雨ということもあり、店内はがら空き。キャッシャーの店員は、こちらを見て「いらっしゃいませ！」と一言。オレは空いている席を確保したあと、レジに向かった。店員はオレにこう言った。

「お持ち帰りですか？　店内でお召し上がりですか？」

……

！？！？！？（え？……）

という感じだった。だって、どこからどう見ても、店内で食べる以外の選択肢がないのが見てわからないのだろうか？　席に荷物と傘まで置いているのに、「お持ち帰りですか？」はないだろうと思った。こういうことって、割とよくない？　日本人的な「真面目の不誠実」の典型例だなと思うんだよね。真面目なサービスをしているようで、本質がまるでなっていない。このファーストフード店の店員は、確かに丁寧な口調ではあるし、真面目に働いていた。だが、決してこれは誠実な対応とは言えない。「お客さんを見ていない」からだ。これはある意味マニュアル教育至上主義の弊害と言わざるを得ない。

とにかくこんな「真面目な不誠実」な場面に遭遇するたび、思うんだよね。

ただ、真面目に取り繕っていればいいってわけじゃないだろって。


日本人は確かに真面目だ。正確に言うと、真面目なふりをするのが上手な人が多い。でも、真面目風に振る舞うことだけに集中しすぎていて、本当の意味で真面目な人は少ない。社会通念や、常識とやらが規定するところのルールだけを守っていればいい……みたいな考えで、肝心なところがすっぽぬけているみたいになりがちだ。それって、よく思われたいから見てくれだけ取り繕っているのと同じこと。表面だけ真面目なふりして中身はすっからかんとか超ダサいじゃん。ぱっと見真面目に振る舞ってるようでも、性根が腐ったような奴とか慇懃なだけでマジでダメだよ。

だったら、むしろ仕事中に酒を飲んでいてもいいから、ハートフルに、心を込めてやってくれたほうがずいぶんましだ。（笑）

少し前に、実際にそういう凄い店に訪れたことがある。

福岡にある「とりら」という焼き鳥屋がある。その店は、食べログでの評価は「4．32」。焼き鳥屋の評価としては屈指の高評価だと思う。実際に、実際に全国2位に選ばれた日本屈指の名店中の名店である。

ここの大将がなかなかの人物で面白かった。オープンする夕方5時に、ほぼ一番手で店に訪れたときには、すでに大将はワインボトルを開けていて、閉店する24時まで飲み続けながら鳥を焼いていた。相当ぶっ飛んでいるなと思ったが、その仕事ぶりは確かで、常連たちにも愛され、「いいお店だな」と率直に感じるものがあった。

言うなれば、こういうことなのだ。極論ではあるが、無駄に丁寧な言葉づかいも対応もいらないし、親指がどんぶりに入り込んでいてもいいから、おいしいご飯と、ハートフルな関わりと、粋な一言があれば心は温まるっていう感覚。普通の規範でそこだけを切り取って計るならば「不真面目なことするな」と怒り出す人もいるだろうが、その店の大将みたいな人にそういうことを言うことのほうが野暮だ。いい仕事をするいい職人が自営業でやっている店なんていうのは、その人の世界とその人のルールで動いていればいい。

昨今、「ホスピタリティ」みたいな言葉が流行っているけど、そんな言葉の表層よりも、その本質にある価値そのものを見つめる姿勢のほうが、よほど「おもてなし」ってことの本質をついているんじゃないかなって思うときがあるんだよな。だからオレは腕のいい職人が無愛想だったり、多少ぶっきらぼうだったりするのって大好きなんだ。

個人的な意見だが、真面目かどうかだけで、判断する人はそもそも人を見ていないことが多い。

少なくともオレが知る「できる人」たちはみんな、本質を見て判断する。偉い人ほどそういう傾向が強いなって思うね。それに、真面目だから人生得することなんてたいしてないよ。表面的には不真面目に見えるかもしれないけど、芯があって真に誠実な人のほうがよっぽど評価される。形式よりも実。むしろそれが、一番の誠実さだと思うんだよ。

仕事で鬱病になっちゃったりする人たちって、社会に「真面目」の規範を求められすぎるからかもしれないなって思うんだよね。本当はたいして真面目じゃないくせに、真面目なフリを求められるから、とりあえず真面目ぶってみる。だけどそれは本当の自分じゃないから、どこかで人格が分裂する。そういう自分の振る舞いに上っ面だけのごまかしを続けた結果、心を病んでしまう人も多い。

はっきり言うけど、表面上の真面目さなんて捨てちゃえばいいよ。

変な話、本当にちゃんとしているなら、不真面目だろうが構わない。

特に自分でビジネスをやっている人の場合、「真面目さ」の質は実の部分で問われることのほうが多いわけだから、なおさらそうしたほうがいい。本音を解き放たないと。

呪いその4：本音は言っちゃいけないよ

オレたちは社会から「本音」を封じ込められて育つ。

例えば、学校で感想文で「つまらなかったです」とか書いたら、速攻やり直しを食らう。部活で喉が渇いても「水は我慢しろ！」と言われるから、「水飲みたいです」と言えない。

そういうふうに基本的に不謹慎なことを言ったら、その時点で成績は最悪になる。会社でもそれは同じで、基本的に「空気を読め」みたいな同調圧力の中で、本音を押し殺し場に求められる応答ができる人間が評価されがちだ。

「出る杭歓迎！」とか謳っている組織でも、実際本音をぶちまけるような「出る杭」は敬遠され、社会的に抹殺される。

本音を言ったら、その時点でジ・アウト。それが日本という国だ。

だから、「本音」をずっと閉じ込められている。

「キミはどう思う？」と聞かれても「いいと思います！」みたいな当たり障りなくてどうでもいい返答しかできない奴って多いよね。

とにかく、無難に「まとも」っぽく見える表現が蔓延する。そういうフォーマットに収めるために、本心では全く思ってもいないことを言いがちだ。社会がそういう規範を求めるから、先回りしておりこうさんを演じているにすぎない。

だから、そこに自分はいなくなる。

オレはこれが大問題だと思っている。

居酒屋にいても聞こえてくるのは、いつだって愚痴ばかりだ。

不平不満、彼氏がどーの、彼女がどーの、上司がどーの、息子がどーの、娘がどーの、社会がどーの……そんな話を酒の肴に延々と3時間も4時間も話し続けてる。どうしちゃったの？　って正直思うよ。そんなに愚痴ってるけど、ご飯まずくならない大丈夫？　って。きっと、そんなときしか本音を出せない世界に生きているんだよね。

でもな、愚痴じゃ未来は1ミリも変わらないんだぜ。

「本音」をぶつけていく奴から、未来を手に入れていくんだ。だからキミが正しいと思うことを世の中にぶつけて、その選択を実行に移していってほしい。

例えば、キミが会社の仕組みが気に食わなかったとしたら、それを伝えて変えるしかない。小さいかもしれないけど、自分の行動から革命を起こしていくしかない。

で、こう言うと必ずこんな批判がくる。

「でもね、現実問題、そういうことを言い出すと波風が立つんですよ。組織ってそんなにすぐは変わらないんですよ。そんなことも知らないんですか？」

そう言いたくなる気持ちもわかるんだが、極論そんなものは無視でいい。

波風を立てて、矢面に立つのが怖いから、毎晩居酒屋で愚痴大会に興じてるほうがよほどダサくないか？　そんな「常識」を理由にして、できない説明をすることに、何の意味もないんだよ。そう考えると、あらゆることは言い訳なんだ。

「やりたいけど、やれない」なんていうことは、この世にない。

やりたいなら、やればいい。

迷ったら、やるしかない。

そんでもって、「迷ったら、全部いけ」って思ってる。

本音をずっと閉じ込めて、何もできないまま、延々とループのような毎日を過ごして、気がついたら1年、また1年と年を食う……そんな1年を積み重ねていたら、いつの間にか本音がなんだったかすら忘れちゃうぜ。そんなものは、もはや生きるゾンビだ。

人生ってのは「やりたい」と思った瞬間に、やるしかないんだぜ。

呪いその5：楽しいことはダメなこと。苦労をしなさい

人生が楽しくないという人は多い。

そういう人に限って「何か楽しいことはないかなぁ」といつもぼやいている。

だけど、人生が楽しくないのは、そもそもの考え方が原因にある。

楽しいことを探していても、「楽しいことはしちゃダメなんだ」とか「人生楽しいことばかりじゃないから、あんまり楽しむのはいけないことなんだ」とか思い込んでいることに原因がある。これも呪いだなと思う。

自分の中の「楽しい」という感覚を研ぎすませ、大きくしていくにはポイントがある。それは、「これ以上楽しんでしまうと後から落ち込むのが怖い」という強迫観念を手放すことだ。

「楽しむ」ということに対して、なぜか謎の罪悪感を感じる人って多いよね。

日本人にはどこか「楽しいこと=悪いこと」、「あまり楽しんじゃいけない」みたいな清貧思想がある人が多い。受け取り下手だなって思う。

でも、真実は真逆だ。

凄い奴らってのは、むしろ楽しいことしかやっていないいんだよね。楽しいことだけをひたすらやり続けて、驚くようなことをやってのけている。むしろ、**「楽しいこと」を封印しないから、人生うまくいっているん**だ。

だからといって、単に享楽的であるというのとはちょっとニュアンスが違うぜ。つまり、「楽しいと楽」は少し違うってことだ。楽なことが楽しいと感じているうちは楽しさの1％もわかっちゃいない。**苦しいけど楽しい**っていう楽しさもあるよな。

とにかく、自分の心の「感じる力」を解放してみてほしい。もっと純度高く「楽しい」って感覚に正直になれたら、きっと視野は今よりずっと鮮やかに、ダイナミックに広がる。そんなふうにこの世の彩りに対して、素直に柔軟に、楽しみを見いだせる自分になってほしい。似たようなことをさしたる理由もなく惰性で繰り返しやるだけじゃなくて、新しくてステキなことをワクワクしながらやってみてほしい。まず手始めに、ひたすら自分が興奮して夜も眠れなくなるような「楽しいこと」の妄想を書き殴ってみたらいい。自分は楽しいことを禁止されていたんだっていうことにすら気がついていないんだっていうことに気づくと思うよ。

100個くらい書けたら、結構いい感じ。とりあえずやってみて！

楽しくないことはやるな。楽しいことしかするな。

人生は楽しむことそのものにあるんだから、楽しいことだらけでいいんだよ。

世の中からはぐれたら、そこから初めて「自分の生き方」がはじまる

ここまでは、今という時代について、そしてその中でオレたちを取り巻く社会についてなど、社会背景や環境について話してきた。

そして、その社会から一度離脱すること＝「はぐれもの」になることがその鍵だということを説いた。そして、「自分の生き方」ってやつをはじめなければいけない。**「絶対領域」＝自分だけの世界観**を確立して、そこに立脚した生き方ができたら、キミは、キミのなりたいものになれる。そして今よりずっと、はるかに楽に、楽しく生きれるようになるからだ。

ここからは、「はぐれもの」になろうと思ったときに、実際にどう行動すればいいかについて話をしようと思う。これから話すことは、手っ取り早くはみ出し者体質になっていくた

めに効果的だ。どれも「常識の逆」をいくものだから、奇抜に見えるかもしれないし、今付き合っている人たちからは反感を食らうかもしれない。

だけど、猛烈に効く。

食わず嫌いをしないで、まずは試してみてほしい。

世の中からはぐれたとき、そこから初めて自分の生き方がはじまるんだ。

そのための話を今からしていく。

嫌われよう。1人になろう。自分になろう。

自分1人の時間を過ごし、自分の内面世界で揺るがない信念を生み出し、そこから外の世界に言葉にして持ち出す。これが自分の周りの世界を変える生き方をするためには絶対必要なことだ。だって外の世界に持ち出す確たるものなしに、ただ「寂しいから」っていう理由だけで誰かとつながろうとしてみても、深くはつながれるわけがない。薄っぺらい生き方しかしてこなかった奴は、まともな人には相手にされないんだ。そしたらだい、たいした奴になんて死ぬまでなれるはずもない。何でもない奴が、何もない奴と一緒にいて寂しさを埋めあったところで、何にもならないぜ。そうやって**「誰かと過ごす」こと自体に依存した生**

き方をしている人は、結局のところ何もできないんだ。

だったら、むしろ嫌われて、1人でいたほうが遥かにマシだ。

群れる奴らってのは、1人でいるのが寂しくて、誰かと付和雷同しないとやっていけないんだぜ。そんで「時間つぶし」を誰かとしているだけ。そういう自立できていない奴が何かをやろうったって、はっきり言って無理だ。

まあさ、1人っていうのは孤独っちゃ孤独だよ。だけど恐れなくていい。

1人の世界で生み出したものには、自分のことをもっと深い位置で理解する人たちが集まるようになる。やがて今よりずっと多くの本物の仲間が手に入るようになる。表面上たいした理由もなく群れているよりも、そのほうがずっと満たされるだろ？　1人の時間っていうのは、そんな道につながっている。だからオレたちは、1人になったほうがいい。孤独と友達になって、自分の内的な世界をもっと深いところから世の中に表現できるようになったほうがいいんだ。

これは勇気がいる選択だとは思うよ。でも、そんな孤独の旅路を1人で進んだ人間だけが、たどり着ける場所があるんだぜ。オレたちは、世界を世の中に作り出してやるんだから、そのくらいでちょうどいい。だから、孤独を愛そう。孤独で生み出し、外の世界へ持ち出して、つながろう。

ドイツの社会心理学者・エーリッヒ・フロムは自著『愛するということ』の中でこう綴っている。

“The ability to be alone is the condition for the ability to love.”
「1人でいられる能力こそ、愛する能力の前提条件なのだ」

世間や他人の目なんて本当に気にする必要はない。

「ただ誰かと一緒にいる」っていうことは今日からもう止めだ。誰かと深くつながるっていうことをはじめに行こうぜ。人生の質ってのは、「生き方の根っこ」みたいなものをどれだけ強いレベルで共有できるかなんだ。それは形だけの「仲良しごっこ」とは永久に分かち合えないもの。だから、とにかく自分のこと、自分の身の回りのことや、自分自身が正しいと思う生き方に集中し、そこにすべてを注ぎ、充実させていこう。そっちのほうがよほど意味がある。

孤独になってキミが誰かにとって身近な存在になる、そのくらいの影響力を高める、ということに時間を使ったほうがよほど人生を充実させるんだぜ。

孤独の作法

この本を読んで、いざ実際にやってみたら、たぶんキミは周りの人から「あいつ、なんか変になっちゃったw」とか言われるだろう。（笑）　オレからすれば、そんなのたいした変人でもなんでもないけど、そのくらい世の中の人っていうのは「標準」の範囲が狭い。「変人」と呼ばれはじめたときから、キミに待っているのは今話したとおり、ズバリ、「孤独」だ。

周りに自分と同じような人がいなくなるから、一瞬今までの交友関係はリセットされるだろう。そのときの「孤独」ってやつとの付き合い方がものすごくキモだ。良くも悪くも「自分を生きる」と決めたなら、孤独ってやつと向き合って、折り合いをつけていかなきゃならん。

だから今から孤独についての話をしておこうと思う。

孤独とは物事を深く考えるチャンスと考えるといいかもしれない。人は、１人になれた時、自分をとりもどせる。

オレは、本当にこれがやりたいだろうか？

オレは、これをやらなかったら後悔するだろうか？

オレは、ちゃんと他人に価値を与えられているだろうか？
オレは、まっすぐ、自分らしく生きているだろうか？

こんなことを考えるには、自分だけの静かな時間がないとできない。孤独が深いほど、思考も深くなる。その中で生まれてきた問いに対する答えは、自分の中で揺るがない信念になる。

実際に世の中の偉大な思想家や、賢人、名経営者、スーパースターと呼ばれる人たちの伝記や自伝を紐解くと、どの人たちも例外なく孤独な時期があって、そこで自分と徹底的に向き合うことで、自分の生き方を問い直しながら、のちの偉業達成まで続く揺るがない信念を胸に強くしてきた。**世界中の偉人たちは、みんな孤独から生まれてきたんだ。**自分の芯を作る課程では、問いを反芻したり、内観したりして、答えを捻り出すには絶対に1人の時間が必要だ。

1人の時間をどう生きるかっていうのは、思ってるより意味があるし、大事なこと。「みんなで過ごす時間」っていうのは確かに楽しいし、思い出になる。振り返ったときに貴重な時間だということも多いだろう。でも、人生を前に進めるのは、いつだって1人ぼっちの時間だ。

孤独じゃないとできない仕事ってのがある。アーティストも、起業家も、世の中に何かを生み出す人っていうのは基本的に孤独の中から生み出している。

「常に誰かと一緒じゃないと何もできない」とか「1人でいるのが恐い」という思い込みに囚われ、縛られていたら、生き方そのものがひどく狭く、不自由になってしまう。選択肢は極限まで狭くなる。常に誰かといなければ何もできないからだ。

一見すると、みんなでワイワイガヤガヤ楽しい時間だらけの毎日って理想郷のように思えるかもしれない。だけど実際やってみたらすぐにわかるよ。そんなもんはろくでもないって。**日常を「楽しい！」と反射神経的に感じる単調な刺激だけで埋め尽くしたら、とたんに楽しくなくなっちゃう**んだよ。毎日、毎日、「想定の範囲内の楽しさ」を延々と繰り返すだけの毎日だったら、やがて刺激はなくなるだろ？

……とか言いつつ、群れたくなる人の気持ちも、まあもちろんよくわかるよ。人間ってのは、基本的に寂しがり屋だからね。なんで群れるかっていうと、**誰かといることで、世界の中の自分を定義して安心感を感じたいだけ**なんだよね。

簡単に言えば、「オレにも居場所がある」っていうことを確かめたくて、誰かとつながろうとする。それが「みんなで過ごす時間」の基本的な正体だ。だけど、これは「みんなで一緒にいる」ということ以上の意味はない。どこまでいっても「みんなと同じ物理的空間を、共有する時間」でしかない。つまり、何も生み出さないことのほうが多い。そこには世の中との関わりがないからね。

人生を振り返ってみたとき、そんな時間を過ごしてきたなぁって思い当たる節が多い人は要注意だぜ。１人になる時間を増やしてみたほうがいいかもしれないよ。

そんな孤高を選んだ人間だけが、自分が120％主導権を握った「自分の人生」を生きることができるんだぜ。

誰といるかは、自分で選べ！

自分の生き方を貫くには、今話してきたように、まずは自分の生き方というものを見つめる。孤高の戦いをする中で、自分が世の中に持ち出せる真価に気がつくはずだ。この時間を使ってやってほしいことがある。それは、「自分が誰といるべきか」を徹底的に考えてみる、ということだ。そしてその基準に従って生きる。

はっきり言うが、友達は少なくていい。むしろその少数有限に絞り込んできたという課程そのものが、自分の生き方というものにシャープで明確な輪郭をもたらす。一緒にいる時間が多い深い人間関係というものは、キミという人間を作るうえでめちゃくちゃ大きな影響がある。

人格形成の根幹は「誰といるか」、「誰といないか」という人間関係に対する自らの環境選択によるところが大きいからだ。ということはここを慎重に選ばないととりかえしがつかなくなる。一緒にいる人である程度自分の生き方も決まってしまうのだから。

「誰と一緒に生きるか」という選択、それは、あらゆる面で自分が生きていくうえで関わる人たちという「環境を選ぶ」ということだ。友人や恋人はもちろん、誰と働くか、誰をお客にするか、誰から学ぶか、を含めて「誰といるか」を徹底的に洗練させると、自分の人生はまっすぐに自分の心を向けた方向へと進み出す。

一般的には「お客さんは選んではいけない。お金を払ってくれるのだから、誰でも等しく扱わないと失礼だ」みたいな考え方があるが、オレに言わせればそんな考え方は今すぐやめたほうがいい。自分が付き合っていて面白くないお客さんは、そもそも仕事を請けるべきじゃないし、関わっちゃいけない。それで精神をすり減らしたり、無益な時間を過ごすのだとしたら、時間の浪費でしかない。

仕事ってのは、誰を相手にするか、ということを含めて完全に自分で選べるし、選ぶべきものなのだ。嫌々やらなくてはいけないような仕事は、そもそも受けないようにだってできる。

人間は怖がりだから、「生活が維持できない!」というような類の恐怖心から、感情的には気乗りしない仕事であっても、お金ほしさに受けてしまうことがある。でも、こういう「乗り気のしない相手との仕事」が集積していくと、反比例するようにどんどんやる気は削がれていく。

オレが言いたいのは、**実は目先のお金が入ってくることよりも、この魂を売り渡す行為のほうが危険**ってことだ。

情熱が削がれるということは、自分の未来をそのまま削いでいることにほかならないんだぜ。

わかるかな？　やる気が出なくなるような人と一緒にいると、すべてのことにやる気が出なくなってくる。そうなると、大好きなはずのご飯を目の前にしても、あまりおいしく感じないし、朝起きたときから憂鬱になるし……そんな毎日を過ごしていたら、どんどん不感症になって当たり前だよね。そういう精神状態から、まともなアウトプットなんてできるわけない。

どんどん打算的で適当で投げやりな生き方に傾いていく。

だから、自分の闘志を削ぐような相手や、スイッチがかみ合わない相手とは、仕事をしちゃいけないんだ。「我慢」なんていらない。そんなものは一切しなくていい。

これ「わがまま」とは違う。だって、我慢からは何も生まれないんだぜ。先のない我慢をしてたら、自分がおかしくなるだけだ。たとえ大金を目の前に積まれても、ＮＯと断わっちまえばいい。そのくらいでないと、精神的自由ってやつは勝ち取れない。

人生は、何に自分の時間を費やすかで決まる。

「何に従属するか」じゃない。

人生は、間違っても我慢大会でもない。仕事とは従属ではなくて自分で決めた相手に、全力を賭してお仕えするってこと。本来、そんなすごく主体的な行為なんだぜ。いつだってその選択は自分の手の中にあるし、自分で「これだ！」と選んだものに全力投球すればいい。そういう生き方をしていったほうが、絶対いい。なにより、魂が健全であれる。あり方も健全であれる。いい姿勢で生きれる。だって、好きな人と一緒にいる時間が長いほうが、楽しいに決まってるでしょ？　嫌な奴とは1秒だっている必要なんて全くないんだぜ。

とがりを失わないために

自分の中の正しさを見失うと、人は精彩も同時に失う。

「お前さ、最近とがってないよ。どうしたの？」

あるとき、オレのことをよく知る経営者の仲間に言われた。ドキッとした。ぶっちゃけ図星だったからだ。実際、その当時、オレは迷っていた。自分がどうあるべきか、自分が信じていたはずの自分の正義が揺らいでいたことがあって、どうにもピントの合わない時期があったんだよね。まあ、まだ若かったし、迷って当然だよなと今になると思うんだが。

具体的に言うと、当時オレはインターネットの世界で頭角を現して、それなりに有名になりつつあった。年不相応な経済的成功を収めたこともあり、バランスを見失いかけていた。

どんどん知名度が上がっていくのに比例して、オレのことをよく知らない人たちから誹謗中傷されたこともあった。率直に言って傷ついたし、怖かったし、嫌な気持ちになった。真意でないことが曲解されて伝わっていて、勝手なことを書き立てられたり、言われたりするのが耳に入ってきたこともあった。だから、自分がどう思われているだろうかということがすごく気になって、人の顔色を窺うように振る舞うようになっていた時期があった。自分の名前が売れて有名になるほど、自分のする発言1つが自分のコントロール下を離れて、メディア上で勝手に暴走していくのが怖くなっていた。

情報発信をしたことがある人ならば、この感覚というのはなんとなくわかる部分もあるのではないだろうか。SNSに何かを発信するとき、「誰が見ているかわからない」という底知れない恐怖感を感じたことがある人も多いんじゃないかと思う。

一個人がはじめたごくごく小さな規模での情報発信というのは、続けているうちにいつの間にか対象を絞れないくらいまで拡張した世界へ突入する瞬間＝ブレイクの瞬間がある。それは、同時に自分の正しさを信じる力の強さを試されるときでもあると言える。

それは、ひとえに対象の顔が「見えない」という恐怖だ。

どんなメディアであっても、アクセス数が伸びれば伸びるほど、読者の顔が見えなくなっていく。ＳＮＳもフォロワーが増えれば増えるほど、メルマガも、読者数が増えれば増えるほど、読者の顔が見えなくなっていく。メディアというものにはそういう性質がある。

そしてある瞬間から、とたんに自分が誰に対して言葉を投げかけているのかが見えなくなる。すると、底が見えないような深い闇の中に、声を張り上げているような気分に襲われる。

自分が正しいと信じていたはずのものが、途端に空虚で無意味なものに感じてくる。

そして顔の見えない大衆とそのリアクションを想像すると、怖くなってしまう。

この無限連鎖が続いて、いつのまにかどう振る舞えばいいのか、そもそも自分が正しいと思っていたことは間違いなのではないか？　など疑心暗鬼は増していく。気がつくと、立ち止まって動けなくなる。最初は意気揚々と楽しみながらアウトプットしていたはずなのに、いつのまにかアウトプットがすごく苦しいものになって、うまく振る舞えなくなってしまう……といった具合に。

人間というのは、相手にする対象の数が拡大して、自分の想像力の限界を超えるとうまくイメージができなくなる。イメージとして頭の中で解像できないものに対して、人間は生物として本能レベルで恐怖を感じる。そうなったとき、人間は攻撃を恐れる。見えない敵からの攻撃が怖くなる。だから、なるべく攻撃をうけないように防衛本能が働いて自己防御する。

例えば、「丸くなる」ことによって、攻撃を回避しようとするというのは最も多いパターンだろう。それは、言うなれば**「無色透明化」**だ。色彩を失って、のっぺらぼうみたいに無個性になることで、他から攻撃される余地を消そうとする。ある種のカモフラージュ作戦と言っていい。表情に乏しい、のっぺりとした一般論を無難に終始することで、外部からの攻撃を回避する。その代償として、アウトプットには「とがり」がなくなる。「らしさ」は犠牲となり、個性は稀釈されていく。

いちいち顔色を窺いながらビクビクすんじゃねえ！

一時期、オレもそんな風な恐怖に駆られて、自分の中の「とがり」を失いかけていたときがあった。その時期というのは今思い返しても暗くて辛い時期だった。メディアで発信するのが怖くなって、インターネットに触れなくなった。そして、完全ひきこもり状態になって家から外に出られなくなった。そのときどんな感じだったかというと……誰とも逢いたくなかったし、誰とも会話したくなかった。「誰もオレのことなんて理解してくれないし、興味もない。オレは世界に必要とされていないんだ」みたいな妄想に取り憑かれていた。食事は3食デリバリーのピザ。部屋にひきこもってゲームばっかしして自堕落な生活に落ち切っていた。医者にかかったら「それは躁うつ病ではない」と言われた。あまり弱音を吐くタイプではないんだが、今思い返しても割ときつかったな。親にも兄弟にも、誰にも相談をしないでひたすら引きこもっていた。

でも、悩みに悩んだら、わかったよ。「顔が見えないのが怖い」んじゃなくて、「みんなの顔色を窺うようになった」自分が一番の原因なんだって。そのせいで、**自分の中の軸よりも、他人の軸に自分を合わせようとしている**ことに気がついた。

それが「とがりを失う」っていうことの正体だって気がついたんだ。

それに気づいてから、再びオレは「とがり」を取り戻した。

この本なんかも、相当えらそうな感じで書いているように見えるかもしれないけど、オレも最初からこんなに自信たっぷりだったわけじゃない。むしろ、真っ暗な闇を通過したからこそ、強い光を、強く放てるようになったんだ。

まあ、とにかくだ。発信を拡大する中で、「とがり」を犠牲にしてはいけない。このことは覚えておいてほしい。「とがってなんぼ」だぜ。「とがり」を失って、自らに去勢をかけはじめたら、そこから一瞬で生気を吸われるようにどんどんエネルギーは下がってしまうからね。

「とがる」ということはやってみたら、イメージよりもずっとタフな選択だと感じるだろう。

だが、恐怖から「自分」というとがりを稀釈して薄めてしまったら、発信者としての存在感は薄くなるばかりだ。オレも、とがれなかった時期ははっきり言って精彩を欠いていて、最悪だった。

情報発信者にとって「とがり」っていうのは、その存在エッジを立たせるための武器そのものだ。「とがり」を失って、のっぺりとした存在になるということは、「誰かと同じになる」ということ。それはそのまま「無価値化」を意味する。何度も話すように、「誰かと同じ」ということは、コモディティ化を自分に許容することだからだ。というのは時代に逆行する行為である。ビジネスというのは、とがった奴の「極」をぶつける戦いという側面がある。

そして、その極を背負う覚悟をしたやつだけが、生き残る。

情報発信者にとって、「とがりを持つ」ということは命綱だ。リアリティのある実存の中で生きてとがるスタンスを失ったら、もう終わりだぜ。

迎合するような発信からは、本物の仲間なんて作れないから。

オレたちはひたすら「とんがり」を目指すんだ。

堂々としろ

みんなさ、なんだかんだ理由をつけて、言い訳したがるじゃん?

「お金がないから……」とか
「時間がないから……」とか
「背が小さいから……」とか
「オレデブだから……」とか
「おっぱい小さいし……」とか
「足太いし……」とか
「ちんちん小さいし……」とか

みんなこんな風に言い訳ばっかり。ないない尽くしのオンパレードだ。

言い訳ばっかりしてる奴に、いい男も、いい女もいないよね。

モテる奴に言い訳ばかりの奴なんていない。言い訳ばかりってのはマジでダサい。

ダサい奴ってのはとにかくダメだ。誰からも憧れられないし、誰からも応援されない。お金がなくても、時間がなくても、背が低くても、デブでも、おっぱいが小さくても、足が太くても、ちんこが小さくても、いいんだよ別に。大事なのはそこで堂々としてられるかどうかだ。

そしてそれがすべてだ。何はともあれ「堂々としてる」ってのは割と大事なことだぜ。

例えばオレはミュージシャンとしてプロデビューしたっていう話をしたと思うけど、はっきり言ってオレは歌が下手だよ。歌手デビューしているけど、歌唱力なんてたぶん下から数えたほうが早いくらいへたくそだと思ってる。実際に、いろんな人に「原田さんって、歌下手クソですね……」とか言われるし。(笑)

でも、しょうがないじゃん、持ってるもので戦うしかなかったんだから。

下手なのは自分でも承知だ。でもオレは自分の信じる音楽を世の中にぶつけたかった。

最大限努力はした。そのうえで、なお下手くそなんだよね。(爆笑)

だから「堂々とする」ってことに全力をかけた。

せめて堂々とやらなければ、プロなんてやってられないのよ。

それに、「うまいかどうか」っていうのは「かっこいいかどうか」において全く本質じゃない。

そのときの全力を叩き込むから恰好よくなるんだよな。

例えばこの本の一番最初に、「カート・コバーン」っていうミュージシャンの言葉を紹介した。こんなやつね。

“It's better to burn out than to fade away.”

「徐々に色あせていくなら、いっそ燃え尽きたほうがいい」

カート・コバーンは、「ニルヴァーナ」というバンドのギターボーカルだ。ニルヴァーナは商業主義が蔓延していたロックの世界に突如現れ、グランジという1つのムーブメントを起こして、ロックの世界の基準を一瞬で塗り替えた。いわば革命を起こしたロック界のスーパースターなんだよね。

でも、はっきり言って彼は全く歌もギターもうまかない。はっきり言って「へたくそ」といって良い部類だ。だが、猛烈に格好いい。そこがオレは好きで、尊敬したりしている。カート・コバーンの全盛期のビデオなんかをＹｏｕＴｕｂｅとかで今も見るけど、下手くそなのに、世界を敵に回してやるくらいの気持ちで音をぶつけてくる姿勢が、マジやばくていいんだ。

「堂々」としてりゃ、案外誰も文句は言わないんだよな。とにかく、堂々としているだけでいい。色々個人的にコンプレックスはあるかもしれないけど、だからなんだって思ったらいい。誰が後ろ指をさそうとも、金玉まで取られるわけじゃない。生命が奪われるわけでもない。誰かがキミを揶揄してくるとき、少し心が苦しいかもしれない。

そんなときは、歯を食いしばってとにかく堂々としてりゃいいんだ。

ワイルドにいこう、ワイルドに！

変な生き方が仲間もお金も引き寄せた

10代後半からとにかく色々やった。
しこたまやった。
やりたいことは、全部やった。

まあ色々やっているうちに気がつけば今は30代も後半になった。
お金もいっぱい稼いだし、使った。
その中で裏切られたり、罵られたり、おだて上げられたり色んなことを経験した。
たぶん普通の人の人生の何倍かは濃縮した時間を過ごしてきたように思う。

1つ言えるのは、変な生き方をしてこなければ、これらの体験は絶対になかっただろうなっていうこと。普通に商社に勤めたり、学校の先生になったり、外交官になるのでは、こんな生き方は、絶対に経験できなかったと思う。

18歳の春、オレは受験に失敗した。ものすごい挫折感に打ちひしがれていた。

でもそのおかげで、自分の未来を人任せではなく、自分のこととしてリアルに考えることができたと思っている。今のように「はみだし者」としての自分を確立することは、このとき受験に成功していたらもしかしたらなかったかもしれない。

そんなわけで、自我が芽生えた10代後半くらいから、常にどう生きるか、どうあるべきかを自問自答してきた。

あるときまで修行僧のようにストイックにやってきた時期もあるし、今のように楽しみながら愉快な仲間たちと一緒に楽しいことしかしないというわがままスタイルの生き方も知った。

とにかく色々やった。
そんな今、思うよ。

馬鹿でよかった、
貧乏でよかった、
無名でよかった、
若くてよかったって。

社会の中心にいない「はぐれもの」だった、おかげでオレは今がある。

今、もしかしたらこの本を読んでいるキミも「●●君って変だよねー」とか「●●ちゃんって変わった子！」とか言われて、内心ちょっとへこんだり、悩んだりしているかもしれない。

でもね、それ、最高の褒め言葉だから！

だって、「普通じゃない」ってことは、「普通の人」じゃ絶対にできないことが、やれちゃうんだぜ？　この先、どんどんその差は開いていくよ。

「普通」がいい人たちは、どんどんその他大勢の中に埋もれていく。

「はぐれもの」はその他大勢から抜きん出る。

何度も言うように、これからの時代は、「普通の人」なんてどんどん社会の中に埋没していっちゃうんだから。「違いを作れるヤツ」って、褒められてると思っとけばいい。

さっさと「はぐれもの」になって、絶対領域を確立するために生きよう。

「こっち側」を絶対におすすめする。

マイルドな安心や安全は「普通の人生」のほうがあるかもしれないけど、それ以上に得られるものを考えたらどう考えてもはぐれたほうが人生楽しめるぜ。

オレがもし、今タイムマシーンに乗って、10年前の自分に会いに行けるなら、受験に失敗して、しょぼくれて自暴自棄気味だった過去のオレに、こう言うよ。

馬鹿でいい、貧乏でもいい、無名でもいい。
オレたちはもがこう。
はぐれものだからこそできることがある。
オレたちはそれをやろうぜ。
お前には、ゼロからかき集められる最高の冒険が待っているんだから！

第5章

「生き方」と「お金」を両立させる

欲しいものすべてを、一瞬で掴まなければならないとしたら
お前はそれを掴み取るか、それとも、逃しちまうか?

――エミネム

1ミリでいい、世界を動かそう

オレは上場企業を作った経験はない。豪華絢爛なでっかいオフィスがあって、社員が100人も並んでいるような会社はやっていない。事務所だって、吉祥寺という都心からは外れた閑静で文化的な街にある、こじんまりとしたオフィスだ。

だけど、オレは**「自分のビジネス」**を何度も作ってきた。

規模こそ、そこいらの上場企業経営者のそれよりもだいぶ小さいかもしれないけど、オリジナリティに富んでいて、小さい規模で回せて、世の中に影響を作れて、しっかり利益も上がる面白い仕事ばかりをしてきた。そこに関しては自負しているし、自信がある。そんな感じの「自分のビジネス」にこだわってやってきた。そういう仕事を自分で作り、自分の世界を広げてきたし、関わる人の世界も変えてきた。いわばスモールビジネスの名手だと思っている。

これまで色々なジャンルのことに首を突っ込んできたけど、オレがずっと一貫してやってきたことは、基本的に教育業だ。他の人たちと違う点は、自分自身が教える仕事もしているし、教える仕事をしている人たちの黒子として彼らをプロデュースするということもやっているという点だろう。「表」の役割としての自分もあるし、裏方としての自分の役割もある。

そういうふうに表も裏も両方やっているという人はこの業界では案外少ない。
表の役割のときは、例えばこうやって本を書いているように、自分が主役になる。
裏の役割のときは、脇役としてスターを支える仕事に徹する。

その両輪の中で、自分や、自分が「この人ぞ!」と見初めた人が蓄積した経験資本を、「誰かの学び」に換えていくというのがオレのビジネスの基本的なコンセプトだ。

大企業がやるようにわかりやすい看板が街に掲げてあったりするわけじゃないけど、これまで自分や自分が手掛けてきた人たちを合わせると軽く10万人近くの人を教えてきたんじゃないかと思う。無料の情報発信だけで言えば、少なくともメールマガジンの購読者はこれまでで累計50万人いる。関わってきた人たちの人数だけで言えば、等身大の活動の延長上に、それだけの人数を相手にしてきた。その中から、今メディアで活躍していたり、SNS上で人気者になっていたり、有名な会社に成長させたり、あらゆる業界でリーダーたちが生まれている。

オレのやっていることは、パッと見ると規模こそ小さく見えるかもしれないが、確実に世の中を1ミリ変えているという自負がある。「小っちゃな革命」とオレは自分の活動を呼んでいるが、**それぞれの業界のリーダーたちが、まだこの世にない新しいことに取り組んで、新しいルールを作っていく。その集積というのは、創発的に世の中を変える。**そんなイメージで、未来を創るリーダーたちを相手にした教育事業ということに取り組んでいる。

この章のテーマは「お金」と「生き方」。

この2つをどうしたら重ね合わせることができるか？　ということが焦点だ。

どんなに良いことをやっていても、どんなに好きなことだとしても、この世では「お金」というものから逃れることはできない。お金がなければ、何もできない。

残酷だし、辛いけど、「お金」というものと真正面から正対しなければ、無力だ。

自分のライフテーマを追求し、それを社会の中に埋め込んでいく活動がどうすれば「お金」とバランスを取りながらやれるか？　そんな話をしておきたい。

「お金」が稼げないっていうのは本当に辛いからね。

オレも、お金がない時期は本当に悔しいことがたくさんあった。

ちょっとそこらへんの話からしてみたいと思う。

「オレのことはお前のこと」でうまくいく

今の時代は本当にインターネットをやっている人たち全員が「インフルエンサー」的な側面がある。少なくともSNSなど幾ばくか自分の考えや感情や経験をアウトプットしている人たちはみんな、少なからずそういう世界に片足を突っ込んでいると言ってもいい。

「インフルエンサー」という言葉が出てきたのはごく最近のことだが、オレは実質的にそういう言葉が世の中に登場するだいぶ前から、そういうことをやってきた。今みたいに「ノマド」とかいう言葉が一般に浸透するはるか前から、カフェにパソコンを持ち込んで仕事をしてきたし、オレが一番最初にやっていた「メディアを作って広告収益をあげる」というアフィリエイトってやつは、まさに今でいうインフルエンサーみたいなものだ。オレがそういうことをやりはじめたときというのは、少なくとも大学生にそういうことをやっている人はほとんどいない時代だった。誰に話ししても「意味がわからん」と怪訝な顔をされた。そういう点で、オレは日本の元祖ノマド系インフルエンサーだったのだろうと最近気づいた。

そういう立場の人間から、「自己発信」を「お金」に結びつけていくための秘訣を1つお話しておこうと思う。D2Cや、インフルエンサー、各種SNSで情報発信をやっている人はこの視点を覚えておくといい。それは何かというと

「オレのことを、お前のことにする」

という感覚だ。

自分の名前で世の中に情報発信をしている人は、この感覚が掴めるとうまくいくんじゃやな

いかと思う。**自分1人の感覚というのは、実は世の中に持ち出したとき、他の多くの人たちも求めるものだったりする。**一見、「自分1人の感覚」というのは、他の人には関係ないんじゃないか？　とか、誰がそれを求めるのか？　と疑問に思うかもしれない。だから、「オレの感覚や意見なんて……」と躊躇してしまうかもしれないんだが、一個人のごくごく個人的な感覚や、感情、考えたことというのは世の中に投げかけてみたとき、意外なほどそれに共感する人が多かったりする。そして現代はそれが、SNSという形で歴史上最も他人と共有しやすくなっている。

だから自分が捉えたごくごく些細な感覚というものを大事にしてほしい。

「わかるわかる！　それずっと思ってた！」というシンクロを生めたとき、それはもはやビジネスの立派な源泉となる。

この「それ、私も思ってたの！」という感覚をマーケティングの世界では、**潜在ニーズ**と呼ぶ。潜在という言葉通り、世の中に、未だ顕在していない、確たる形としてアウトプットされていないものだ。

小さい会社や個人でやるビジネスを月商1億円にするというのはなかなか難しい。**だが月商100万円程度のビジネスを作ることは楽勝だ。やったことがない人には実感はわからないかもしれないけど、本当にそんなに難しくない。**

しかも、基本的に自分の好きなことを土台にしたビジネスだから、やっていく楽しさという点では、たいして興味がないものを売ったり、やりがいを感じないようなことに努力したりすることの何十倍も「生きてる！」、「やってる！」という満足感があるはずだ。

そのビジネスを可能にするヒントが、**「オレのことを、お前のことにする」**という感覚。

この感覚の原点というのは、「自分の興味関心がある」、「ほっておけない」という問題意識だ。つまり人間の悩みの数だけ、不満の数だけビジネスが成立しうる。

キミも、自分の注目している領域をビジネスにしたらいい。

この感覚がどういうときに、どう活きるのか？

例えばオレの場合、自分のＳＮＳなどでの発信に加えて、「裏方仕事」として、情報発信をする人たちのプロデューサーとして彼らの活動を世の中に広めるプロモート業をしていると書いた。

つまり、自分以外の人の経験をシェアする、ということが仕事の１つだ。

例えば、スケボーの世界で歴代最高得点を獲得したスケボー界の王者で、サッカーでいえば「中田英寿」、野球なら「イチロー」的な存在の浦友和さんというスケーターがいる。その人がスケボー初心者に1から教えるというＤＶＤを作って販売している。

一緒に取り組みをはじめてから10年以上が経つが、未だに売れていて「このＤＶＤを見てプロのスケーターになれました！」とか「これがきっかけでスケボーをはじめたんです」とかいう人がたくさんいる。他にも、「ダーツ」をテーマにして同じようにダーツの日本チャンピオンがダーツのフォームレッスンをやる講座とか、13ヶ国語を操れる天才的な言語学者による語学習得講座などを企画していたり。まあ挙げればきりがないくらい色々なジャンルのことをやっているんだけど、いずれにせよ「この人はまじすごい！」と自分で感じた人たちの知識や、経験を世の中に映像や、講習会などに落とし込んで伝えていくということをやっている。

これはまさにオレという一個人が感じた「この人まじすごい！　このジャンルならこの人にならってみたい」という「オレのこと（感覚）」を、世の中の人にシェアしていく＝「お前のこと（私もそう思う！）」に変えていくということそのものだ。

こんな感じのことをこれまで、数え切れないくらいやってきた。

かっこいい言い方をすると各業界のスーパースターたちの裏側にはオレがいる。そんな存在として、世の中の達人たちの智慧を今日も広めている。

この「オレのことをお前のことにする」という感覚というのは、ある種の使命感のようなものに支えられている。オレの場合は「この人はまじすごい。日本の宝だ！　絶対もっと多くの人が知るべきだ！」というある種独善的なオレ個人が捉えた勝手な使命感みたいなもの。そこに支えられて世の中に押し出すことで、ビジネスとして成立している。

そのために必要なのは、**自分の感覚に自信を持つということ**。すなわち、自分1人の悩みや、感情は、きっとほかの誰かにも共通することだという感覚を持つことだ。そこからはじめたビジネスが上手くいくということは、しょっちゅうある。

逆に言えば、その感覚を持てないでいると、何をやっても「こんなのしょせん、自分1人の感情だし……」という狭い世界の中で閉じこもったまま、感情を内側に抱えたまま、うじうじ生きていくしかない。大手の資本や、大きな会社はこういうことはできない。なぜなら、会社では一個人の感覚は「あてにならない」と処理されがちだからだ。

でも、**オレたちみたいな小さいビジネスをやる人間にとって、「自分の感覚」というのは、最高の経営資源**なんだ。自分がキャッチして、自分の中に宿った感覚というのは案外馬鹿にならない。

そこから生まれた感覚が今、世の中ではSNSを中心に爆発的な広がりを見せる世の中になりつつある。個人や小さい会社がビジネスとして取り組む余地がある。

そういう選択を取って生きることを選んだ人間にとって、この感覚というのは何よりの武器になる。「うじうじと自分なんて」と言って生きていても何もできない。だけど、「オレが感じたこの感覚を、世界中のみんなに共有したい！」と強く思えたら、そのことのために、その人のために強くなれる。どちらを選んだほうが、人生を楽しめそうか？

もはや明白じゃないだろうか。

1億円程度のビジネスなら、無限に作れる

こんなことを言うと、ちょっと嫌な奴に思うかもしれないけど、オレは、1億円程度のビジネスなら何度だって作る自信がある。それこそ、何十回だってできると思う。

うへー、えらそうに豪語しちゃった。

でもね、これ、別に大げさなことを言っているんじゃなくて、至極控えめに言って、だ。

なんでそんな自信があるのかって言うと、「1回そういう経験をしているから」だ。人間というのは一度でも、高い到達点に達したら、恒常作用が働いて次からはそこが基準点になる。

つまり、それまで「特別」だったことが、「当たり前」になる。一度でも達成したことというのは、慣性の法則みたいなもので、それ以下になかなかならなくなる。オレはこれまで何回もそういう経験をしている。自転車の乗り方を一度覚えてしまえば、たとえ10年乗っていなくてもすぐに漕ぎ出せるのと同じ。泳ぎ方を一度覚えればたとえ10年水につかっていなくても、すぐにまた泳ぎ出せるのと同じ原理だ。

だから、偉そうで不遜な感じの表現だけど「そんなん何度だってできら！」と真顔で断言できる。みんなだって同じだよ？

一度でも1億円を稼ぎ出す経験をしたら、その数字を作るために必要な力学は理解するし、自分で何度でも再現できるようになる。

大切なのは**「1回でいいから当事者としてそのプロセスを体感したかどうか」**だ。

ビジネスだけじゃなくて、人生全般に言えることだけど、早くそういう感覚を掴むために、さっさとそういう一度成功体験をしちゃうといい。

人間ってのは、一度でも成功体験をすると、「体感メモリ」として無意識が記憶する。だから、同じようなことなら何度でも再現できるようになる。

とはいえ、「1億円ビジネス」とか言うと、キミには遠い話に聞こえるかもしれない。

じゃあ、試しに**「今から1日以内に100円を稼ぐ方法」**を考えてみたらいい。オヤジの肩もみをするのでもいいし、自分の家にあるいらなくなったものをメルカリで売るのでもいい、会社でコンビニ買い出しのパシリをやってお駄賃をせびる（笑）というのだってアリだ。

こんな具合で、いくらでも出てくるはず。これが大事。**100円を稼ぐのも、1億円を稼ぐのも、原理的には同じ**だから。

100円稼ぎ出すアイディアが出るなら、1000円稼ぎ出すアイディアだって出せるでしょ。1万円だってできるはず。1億円っていうのは1万円を1万回稼げればやれるわけ。

かなりスケールは違うけど、「体感メモリ」で「稼ぐ」っていう体験をして、お金を自分自身で生み出すことを記憶するっていうのが大事なんだ。

自分のちっこいスケールをぶっ壊せ!

そもそもサラリーマンの場合、この「お金の体感メモリ」自体がぶっ壊れちゃっている人が多いかもしれない。メディアは盛んに「年収1000万円になるには?」みたいな特集を組む。そのせいで、「年収1000万円」というのがなんだかさも凄くて、神がかった「勝者の領域」みたいに思われているふしがあるけど、冷静に考えてほしいんだよ。

年収1000万なんて、ほんとたいしたことないから。

年収1000万円位の人たちって、たぶんみんなが思うよりもずっと、つつましやかな生活をしているのが実情だよ。幻想を打ち砕いちゃって悪いけど、まずはそんな「メモリ」のちっこいスケール感をぶっ壊してほしいと思う。

スケールが小さいと、すぐにドン詰まるぜ。1億円なんて、楽勝なんだよ。

今なら、まともなビジネスをやるなら誰だってそんぐらい稼げる。

「ふざけたことを言うな!」とか思う? でも本当にそうさ。極端な話、100円稼ぐ方法はわかるわけでしょ? 100万人から100円もらえれば1億円稼げることになる。1万円稼ぐ方法がわかるなら、かけることの1万人で1億円になる。10万円稼ぐ方法がわかるのなら、たったの1000人からもらえれば1億円になる! そう考えると、「え?」ってほど、イメージは明確になってこない？

スケールの違いなだけなんだよ。やることは一緒。そこにビビッてしまうと何もはじまらないんだ。だから、一度そこにまずは到達してみたらいい。「体感メモリ」のおかげで、バチッとそこらへん近辺にくっついて、なかなかそれ以下にはならなくなるからね。

価値の生み出し方、交換の仕方がわかるということだから。

ビジネスなんてダサくていい！

みんな勘違いしがちなんだが、ビジネスなんて最初はダサくていい。

形にこだわるより小さな成功をすることを選べ。実体験としてお金を稼ぐことを最優先したほうがいい。ビジネスの原点は思うよりもずっとシンプルなものだ。

ほしい人がいる、提供したい人がいる。そこをお金で交換するというだけだ。

むしろ最初から格好いい起業をした人ほどあっという間に潰れてしまうの。

今じゃめったに見なくなったけど、オレが起業したばかりの頃はとにかくＩＴベンチャーが華々しい感じの時代だった。「ＩＴ系やってます」っていうだけでベンチャーキャピタルや、個人投資家から出資がついた。そのお金で設立時からピカピカのいかしたオフィスを渋谷とかに構えて、従業員も最初からたくさん雇う。そういうふうにして、いかにも「オレＩ

Tベンチャーやってます!」てな感じでスタートするのが、ある種のステータスというか、「イケてるビジネス」の象徴みたいになっていた。そういうやり方でよくうまくいくものだなぁと、オレは全然理解できなかったけども。とにかく、そういう感じがかっこいい起業のイメージだった。

しかし、「真実は地味なり」だ。

やはり、普通に考えてそんなやり方でうまく廻るわけがない。

当時そういうふうに一見見栄えがして、格好よく見えるスタイルでビジネスをはじめた人たちの9割は、今いない。みんな消えた。これは別にちゃんとした統計じゃないけど、少なくともオレの記憶をたどる限り、当時ブイブイしていた奴らはほぼもう残っていない。あのときはあれだけドヤ顔で自信満々だったのに、不思議なものだなと思う。なんせ、勝ち誇ったように「2年後に上場目指してます。ま、余裕っすね!」みたいなことを言ってた人たちって、なぜかみんな廃業しているんだから。(笑)

これって、今でも割と同じような光景があるなって思う。

最近は「ベンチャー」っていう言い方よりも「スタートアップ」みたいな表現をされることが増えたけど、いかにも「イマドキなことやってます」、「流行のテーマでスタートアップしかけてます★」みたいな感じの人たちって、パッと見ではさもすごそうに見える。だけど、

ビジネスは見てくれ＝「すごそうかどうか」が大事なわけではない。
むしろ、地味でもいいから、硬くお客さんに価値を提供し続けられるかどうか？
そこで寿命が決まると言っても過言ではない。

キミも、これからそういう人たちに出逢うかもしれないけど、あんま気にしなくていいぜ。奴らのまばゆいキラキラ感に対して劣等感を感じる必要なんて、これっぽっちもない。だってあいつらはバカなだけなんだから。（笑）

ちなみにオレの最初の起業は、めちゃくちゃダサかった。

英語の翻訳者からはじめたという話はしたと思うが、オレは別にどこかの翻訳エージェントに所属していたわけじゃない。実家の一室で、勝手に自分で「英語翻訳家です」と名乗りだして、営業をはじめただけだ。

営業方法も、めちゃくちゃ泥臭かった。

当時はまだ19歳で営業をして仕事を取るなんていうことはやったことがない。どうしたらいいかわからなかったので、Ｇｏｏｇｌｅに「出版社」と打ち込んで、検索に出てきた出版社のサイトへ上から順にメールを送りつけていった。自分が翻訳したサンプル原稿と、自分の履歴書を送りつけた。

要するに「こんなことできるから、使えそうだったら使ってやってください！　ヨロシク！」ってな具合だ。はっきり言って、かなり無謀な奴だったなとは思う。

その中から、仕事を頼むという会社が何社か出てきた。そういう感じでオレの場合ははじめた。

ウェブの勉強をしはじめて、ウェブサイト制作の仕事をはじめたときも酷いもんだったよ。

ウェブサイト制作のスキルを手に入れたばかりのオレは、自分の携帯の電話帳を上から順に見ていって誰か仕事をくれそうな人がいないか、「うーん……」と頭を抱えながら考えた。

「あ！　そうだいいこと思いついた！」オレは閃いた。勢いづいたまま、昔バンドをやっていたときよく出演していたライブハウスのおっちゃんのところに出かけていった。

「おっちゃん。久しぶり！　おっちゃんの店のホームページひどいからさ、オレに作らせてよ！」

「おお、ひどいとはひどいな！（爆笑）いいぞ。じゃあ原田、やってみろ」

おっちゃんは快諾してくれた。オレは必死に人生初のウェブ制作仕事に励んだ。パソコンにかじりついて2週間でライブハウスのホームページは完成した。趣味の素人が作ったに等しい、非常に原始的なものであった。

1ヶ月後、おっちゃんから振込があった。……**2万円**だった。

「おっちゃん！ ホームページってこんな安いもんじゃないんだけど！！！！」

爆笑しながら、心の中でオレは叫んだ。財布は泣いていた。

だけど、別によかった。人生初のウェブクリエイターとしての一歩を踏み出せたのだからね。

それに、このホームページのおかげでライブの予約受付をウェブで管理できるようになったのを、おっちゃんも喜んでくれたし。

むしろ、最初の一歩はダサいほうがいい。そのほうが、等身大が見えるし、地べたを這いずり回るような角度からしか見えない「リアリティ」がわかるはずだ。路上で、街の場末で、人間の営みが行われているその現場で、相手の呼吸を感じられる距離の接近戦をする。その温度感でやった仕事は、必ずキミの経験資本になる。次の少し先の未来に活きてくる。

「ダサさ」とは泥臭さだ。言うならばリアリティである。その臨場感と接して、初めて自分がどういう価値を世の中に届けているのかということを体感できる。「システム」だとか「スキーム」だとか「戦略」だとか、そういうスマートでスタイリッシュで、さももっともらしい言葉でビジネスを語るのもいいが、商売の原点というのは、むしろ単純明快でほぼすべて泥臭い現場の中にある。そこをすっぽぬかして、格好いいビジネスをはじめたところで、商売の肝は掴めないだろう。MBA（経営学修士）を持っているはずなのに、自分のビジネスがてんでうまくいかない起業家はゴマンといる。経営コンサルタントや中小企業診断士なのに、お前人のビジネスに口出している前に自分なんとかしろよ！　みたいな人も多いけど、そういう人に欠けているのは、「ダサいビジネス」の経験だったりするような気がするよ。

「ワナビー病」から抜け出せ！

みんな子供の頃は「将来は●●になりたいです！」と無邪気に言えたと思う。だけど、いつのまにか「なりたいもの」の姿が見えなくなっていく。

「小説家になりたいんです」というキミ。キミは1作でいいから作品を書きあげただろうか？　小説を読んでいるだけじゃ叶わないぜ。

「脚本家になりたいんです」というキミもだ！　なりたいと言っておきながら演劇や舞台をだらだら見ているだけになっていないか？　やりたいなら、1文字でいいから書くんだ。

もしそれすらもやっていないなら、キミは永久に「なりたい病」＝ワナビー（Wanna be）だ。

キミの毎日はどうだろうか？　まさか、ネットをだらだら見るような生活をしちゃってないよね？　ずっとＳＮＳに張り付いていたりしないだろうか？　家に帰ってきてからＮｅｔｆｌｉｘやＹｏｕＴｕｂｅばかり見ていないだろうか？

ただの憧れだけじゃ、「なりたいもの」にはなれないぜ。本当になりたいものがあるなら、なりたいものになるように動くんだ。作品を作ることを生きることにしている人は、他人の作品に触れる以上に自分の世界と対話しろ。そして1文字でいいから、作品を前に進めるんだ！

オレは「現実を見ろ！」なんてつまらないことは言わない。胸に夢を抱けるっていうのは素晴らしい。夢を見れるのは偉大なことだ。どんな無謀な夢だって大丈夫だ。もしキミがそれに「なりたい」と思うなら、オレは全力で肯定するぜ。きっとできるし、きっとなれる。なりたいものがあるなら、なろうとすればいい。なりたいものになれるのは、なろうとしたものだけだ。

だけど大半の人は、残念ながらただ「好きなだけ」、「やりたいだけ」、「なりたいだけ」なんだよね。それじゃ、ただのドリーマーでワナビーだ。それじゃあ夢は現実に近づかない。好きな気持ちは大いに結構。だけど**夢を叶える人っていうのは「好き」の気持ちを行動に**

変えていった人だけなんだ。夢はいくつになってても持っていたらいい。だけどね、夢があるというわりに現実をなおざりにしているってのは、自分が死ぬまでの時間で大いなる無駄を垂れ流しているようなものだ。成功した自分ばかりを妄想して楽しむのはいい。

憧れのあの人と同じ格好してイメトレに励むのも大いに結構！

だがね、現実をどうやって変えるか？　ということを一度真剣に考えてみてほしいんだ。

自分のどんな一歩が現実を変えるか、未来を引き寄せるか。

本当に小説家になりたい奴は普段から小説書きまくっている。溢れるように文章が出てくると彼らは言う。やる人は誰かに言われずとも勝手にやるもの。この時点ですでに負けている。

覚えておいてほしい。何かを買えば人生が変わる、と思うのはあなたの単なる勘違いでしかない。**ワナビーである限り、永久にキミはワナビーだ。**ワナビーが「なりたいものになる」んじゃない。**「なろうとしたもの」だけが、「なりたいものになる」**んだ。この「微妙だけど大きな差」を理解しなければ、キミはなりたいものには永久に近づけないよ。

もう一度言うぜ。


なりたいものになれるのは、なろうとしたものだけだ。

労働収入の限界

労働収入（雇われて給料をもらうスタイル）での限界は明白だ。どんなに頑張ったとしても1日は24時間しかない。1年は365日しかない。ということは、24時間×365日が限界値になる。実際には寝なきゃ死んじゃうし、食べなきゃ死んじゃう。お風呂にも入らなきゃまともに社会生活は送れない。

ということは1日24時間あるうちの、6時間が睡眠、朝ご飯に30分、昼ごはんに30分、夜ご飯に1時間かけて、お風呂をクイックにすませて15分、トイレ諸々に15分かけ、会社までの移動に30分かかったとしても、これだけで9時間は完全に奪われる。実際にはもっと諸用で時間を食っているだろうから、少なく見積もっても10時間は仕事以外のことをしているだろう。ということは1日14時間くらいがウルトラ頑張っている人の仕事時間だと考えていい。

これが**「労働収入の限界」**である。

これ以上には、どう工夫をしてもなかなかできないだろう。

ここでまずいのは、「じゃあ、もっと働かないと！　寝る時間を1時間削って15時間働けばなんとかなるかも!?」って発想しちゃう人。こういう人はヤバイ。

発想が完全に奴隷脳になっている証拠だ。そういう人は、稼ぎ方のパターンと、生き方の選択肢をまず持たないとダメだ。

仕事は1つじゃなくていい

具体的には、稼ぎというのは、いろんな種類がある。

まず、**労働収入**というものがある。

これが基本的なサラリーマンの収入スタイルだ。自分の労働を差し出して、対価としてお金を受け取る。

オレも含む経営者や起業家の収入スタイルは、**成果収入**だ。やったことの結果としてお金を受け取る。単純明快で、自分で商売をする人の収入はこのタイプになる。

他には**定期収入**というものもある。成果収入をある程度継続的に確保できるように仕組み化することで、「1回売っていくらもらう」という売り切りスタイルから脱出することもできる。モバイルアプリなどの継続課金型のシステムや、動画やらなんやらのサブスク系のサービス、定期宅配ビジネスなんかは定期収入スタイルと言っていいだろう。仕組みを回し続けることができれば、定期収入を構築することができる。

そして、最後に、**権利収入**がある。

ある種の特権階級や、利権を持つ人たちがもらう収入だ。このタイプは、労働を必ず必要としない。不思議なもので、不労収入ということになる。まゆつばで、きな臭い香りがするが、実際世の中には権利収入だけで暮らしている人もいる。

このように、稼ぎのスタイルというのは、たくさんの種類がある。それぞれ、特徴があり、まったく違う文法《ルール》で動かないと得られない。オレが言いたいのは、これだけ選択肢がある中で、稼ぎのすべてを労働収入からもらうというのはとても不健全ではないかということ。

極端な話、1人がこのすべてをやっていたっていいわけだ。憲法にも、法律にも、1人の人間がいくつもの仕事をすることを禁止するなんてことは一切書かれてないぜ。

それに、仮にそんなことがあれば、オレたちみたいな起業家はとんでもない罪悪人になっちゃうしね。それなのに**多くの人は、なぜか「1つの仕事しかしちゃいけない」、「色々やる奴は、悪い奴だ」みたいな勝手な思い込みをして生きている。**

確かに、いろんなことに手をつけて浮気がちな人を、会社は評価しないだろう。

収入は労働によるものだけではない

会社員として成功したいならば、徹底的に自分の持ち場に打ち込むしかない。それが、サラリーマン的成功だ。だが、重要なのは、それはあくまで「サラリーマンとして成功するための生き方」でしかないということ。

人間本来の生き方に、正解はない。

いくつやってもいいし、全部やってもいい。

言っちゃなんだけど、オレはこの4つの収入のすべてがあるし、どれも経験したことがあるし、今もこれらすべてのスタイルから収入がある。

意識して作ってきたし、全部体験してみたいからやった。ただそれだけだ。

とにかく、知っておいてほしいのは、現代では、**収入は「労働」によるものだけじゃないんだという事実**だ。それ以外の稼ぎ方をしたことがない人にとっては、イメージしにくい世界だと思うかもしれないが、他にも色々な稼ぎ方がある。

そのことを知っておくだけで、生き方の選択肢になるでしょ?

オレの場合、その中で、まず就職することを選択肢から除外し、19歳のときに英語の翻訳者から「成果収入」の道でやっていくことを選んだ。

起業はまず足を使え

何度も触れた話だが、オレは20歳のときに東京カフェスタイルという東京中のカフェを検索できるウェブサービスを立ち上げた。起業自体は英語翻訳からはじめていたが、これがオレのウェブの世界での起業の原点であり、ブレイクスルーのきっかけとなった。あらましはすでに話したとおりだが、当時、まだ日本のウェブは売り手市場であり、まとまった情報量のあるサイトはそれだけで人気になった。当然このサイトは、短期間で軌道に乗り、あっという間に大きなアクセスのあるサイトに育った。

オレはこのサイトを作るために、当時世に出ていたウェブ制作に関する書籍を読みあさった。

デザイン、プログラミング、プロジェクトマネジメント、サイト運営ノウハウ、ＳＥＯのこと、キーワード広告など……それこそ１００冊以上は読みあさり、あらゆる知識をインプットした。

そして独学で学んだ知識を確かめるように、今度はサイト運営を通じて得たお金を使って、ウェブ制作の技術が学べるスクールへ通った。「デジハリ」というスクールだった。そこで開講していたウェブ系の講座をすべて受講した。ウェブデザイナー科、ウェブディレクター科、ウェブプロデューサー科。全部受講した。「３つ全部受講する生徒なんて過去に１人もいないですよ。本気ですか!?」とそのとき申込みを受け付けてくれた担当者に言われたが、そんなことは知ったこっちゃない。極めたいから全部やりたいと思った。だから一気に飛び込んで、持てる時間をすべて捧げて、とにかく徹底的にやった。そして今度はプログラミングの学校を探してきて、ＰＨＰというウェブ系のプログラミング言語や、ＳＱＬというデータベースの技術を勉強した。

そこで習った知識は、もうすでに10年以上前のものであり、現在のウェブ制作を取り巻くノウハウや環境とは大きく変わったものも多い。だが、このとき得た知識と、その後の実践で培った経験は、揺るがない。ものすごくでかい。自転車の乗り方を一度覚えたら、10年間、自転車に乗っていなくても、すぐに余裕で漕ぎ出せるのと同じように、どう転んでも、これから先もオレは一生ウェブサイト制作に関しては現役でいられると思う。ゼロから生み出す力というのは、根っこにある普遍性を、身体を張って掴んでおくと時間が経ったときにも、決して廃れない。オレは起業したばかりの時期の数ヶ月を全力で捧げて、まさに「一生もの」のスキルを身につけた。

そして、もう1つ、東京カフェスタイルを通じて得たことは、「足を使って稼ぐ」ということの意味と価値だ。このサイトは食べログのようにユーザーがレビューを投稿できる機能がついた今風のウェブサービスらしい部分と、旧来的なメディアのように「取材・インタビュー」をして原稿を書いてアップするという非常にアナログな部分が混在したメディアだった（当時はまだＣＧＭという概念があまり浸透していなかったのもあって、こういうスタイルでやっていた）。

ここでオレが考えたのは、**「圧倒的な参入障壁を作るためには、他では真似できない圧倒的な手間がかかることをやろう」**ということだった。

都内にあるカフェおよそ３００店舗を、すべて自分たちの足で回って直接取材を試みるというめちゃくちゃハードなノルマを自分に課して実行してみた。そのときに得た取材ノウハウや、インタビュースキルは、今でもオレの強力な武器の１つになっている。

ＩＴというと、頭の固いおっさん連中からは決まって

「そんなのは虚業だ」

「汗水たらして稼がないくせに」

「『ホリエモン』みたいな仕事だろ？　あんなのは詐欺だ」

みたいな言葉が出てくる。最近でこそそういうことを言う人も随分減ったが、「ＩＴ系」というだけで当時はお決まりのようにそんなことを言われたものだった。たいして何もわかっていないくせに、イメージだけでものを言う。こういう批判は、この世で最も劣悪だし、最低だなと思うね。オレは少なくとも、死ぬほど汗水垂らしてウェブサービスを立ち上げ、まさに格闘技がごとく、当時異世界の知識であったウェブ制作の技術を身につけてきた。三日三晩徹夜した日も、何日あるか数えきれない。並の肉体労働よりもよほど身体も使うし、頭も、技術も使わないとできない。

「ＩＴは虚業だ」と、誰かに聞きかじっただけのことを、根拠もなく、バカの１つ覚えみた

く吠えることしかできないおっさんには、到底わかるまい。

まあ、実際、そういう奴に限って、バカなおっさんなんだから仕方ないけどね。

オレたちはそういう奴らは完全無視しておけばいい。

まあ、とにかくイメージよりずっともがいてこのサービスを立ち上げたわけ。

仕事の身体性を磨く

だからこそ思う。

スタートアップのうちに、どれだけもがけるか。これがその後の伸びしろを決める。

創業期こそアナログで、泥臭い足を使った稼ぎが有効だ。

一見すると全自動化されたビジネスモデルは美しいが、そこに至るまでのプロセスで「ウエブなら全自動。人と会わなくても余裕」という幻想に取り付かれ、あまっちょろい全自動スキームを妄信し、自分が「稼ぐ」という主体であるということを忘れてしまったスタートアップ経営者は多い。当然のごとく彼らの大半は数ヶ月から長くとも3年以内の間に、市場から退場する。その確率、オレの体感値から言って、実に90%以上。実際にオレが昔、ウェブサービス業を起業した時期に同じくビジネスをはじめた人で、今もなお活動を続けているのは、ほんの一握りしかいない。おそらく同時期に起業した人たちのうち、現在も活躍している人は1割にも満たないだろう。それくらい、ウェブのビジネスで勝ち続けるということは難しい。

本当に卓越した一握りの技術や、とびきりのアイディアを持った会社ならまだしも、二流、三流程度のことしかできない人というのは、それこそ腐る程いる。

そんな厳しい世界でたたかう以上、その「中途半端な武器」で、勝ち続けるということは不可能だ。勝ち続けている人、今でもしっかりと根を張り業界に残っている人たちを見ていくと、ある共通事項を持っていることに気がついた。

何かと言うと、みな、**体感で生きている人たち**だということだ。頭だけで生きている人は間違っても10年選手として残っていない。気持ち（心）だけで生きている人もだ。

熱い想いがあっても、現実問題として気持ちだけで飯は食えない。どちらか一方だけではバランスが悪いのだ。最終的には、**「動物として生きる」という意味での「肉」（体感）**をしっかり意識できるかってことが案外大事なんだと思う。

「絶対領域」的な武器を持てるかどうかということは、体感をフルに使って会得してきたかにかかっている。あなたも普段自分が使っている感覚器官とは違う部分を意識してみるといい。

デジタル気味に生きている人は、アナログに。逆もまたしかり。

言葉が優位な人は、行動。**いつだって、正解は逆にある。**だから逆をいくしかない。

こうやって、本来優位になっている感覚と真逆にある部分を意識して使う。意識的に自分の中の「境界線」を飛び越えるようにしていく。正面突破するのに、中途半端な根拠で臨むとしたら、それは蛮勇にしかすぎない。一時の賞賛は受けるかもしれないが、蛮勇は英雄にはなれない。だから、絶対に勝つために、あえて逆の道をいくんだ。自分の身体感覚を使って獲得したことは、死ぬまで身体が覚えてくれるから。

既視感よ、さらば

世界は飽和しきっている。あらゆるものに、飽き飽きしている。

オレたちはそういう時代に生きている。

そんな時代では、ありていなものを作っていても、ありきたりなことをやっても、もはや、誰も驚かない。根本的に「価値」を生み出すには、完全に独創的でぶっちぎりなことをやらなければ「絶対領域」には永久に届かない。既視感まみれの、誰かの何かをトレースしたようなことをやってみても、そんなもので世の中は動かせない。それほどもはや世の中は見渡す限り既視感だらけだろ？　そんなものじゃ誰も喜ばない。

オレたちの生きる時代ってのは、過去のトレースだけなら、インターネット上に無数にあるアーカイブを覗くだけで誰でも一瞬でコピペでなぞることができてしまう世界になった。大概のものはすでに誰かが見てきた世界でしかない。世界最高峰の山・エベレストだってジョージ・マロリーに登頂されて以来、記録されているだけで既に累計で９０００人以上の人たちが踏破しているし、いこうと思えば宇宙旅行だってもうすぐいけちゃう世の中だ。それをオレたちは自宅でパソコンやスマホを開けば、一瞬でなぞることができる。以前だったら、命がけで見た景色ですら、ワンクリック、ワンタップで見にいくことができちゃうようになった。

これは驚異的なことだなと思うんだよね。

相当な意識をして、「非日常」を求めにいかなければ、簡単にオレたちは既視感の世界に巻き取られ、その中に埋没してしまうだろう。自分の中に簡単には得ることができない世界を求めなければ、すぐに既視感の奴隷になる。

人々はいつの時代も「まだ見ぬ景色」に憧れて冒険をしてきた。

コロンブスがアメリカ大陸を発見したのも、マゼランが率いた船団が世界一周をやってのけたのも、アームストロングが月面に降り立ったのも、「まだ見ぬ景色」と出逢い、人類はその先に「まだないカテゴリ」という未来を生み出す原動力としてきたのだ。人類はいつだって、そうやって進化を遂げてきたわけだ。

今オレたちに必要なのは、そういう経験だ。

新しいものを生み出すためのヒントは**「異世界と握手」**だ。異質な者同士をかけ合わせたとき、「まだ見たことのないもの」＝新しいものができる。その触媒というのが**経験資本、すなわち自分の中の「未知」と出逢っていくということ**である。今いる狭い狭い箱のような自分の人生の縮図から飛び出して、とびきりでっかい、壮大なスケールを描いてみてほしい。そこさえできれば、あとは自分のイメージ次第で「まだないカテゴリ」を世の中に生み出すことができる。

だからオレたちは、どんどん**異世界と握手**をしていこう。縦横無尽に、ノーボーダーに色んな世界を行き来する。そこで見てきたもの、感じたもの、触れたもの、五感すべてを使って、右脳も左脳もフル回転させて自分が体感したものを、再び自分の目の前で、自分の手で、足で、口で、脳みそで再構築していく。キミだけの「絶対領域」を作るんだ。

そういう体験を、死ぬまでに何度できるか、だと思うんだよね。異世界との接触が全くないと、「個」は呼応する素材がなくなり、枯渇する。日々同じことを繰り返すだけのロボット人間みたいな生活からは、何も生み出せるわけがない。そんな奴にみすみすなるなんて、本当にもったいない。人生を豊かにし、新たなる次元を切り開くのはいつだって人との出会いだ。そして、新しい経験だ。だから自分自身で、自分をそういう場にぶち込んでいかなければいけない。そうしないと、いつまでたっても社会がオレたちに押し付けてくる同質化の罠からは抜け出せない。

中途半端な「はぐれ者」は社会的に押しつぶされ、抹殺される。しかし飛びぬけた個性は応援され、称賛される。だからその突き抜けの極に立てるまで、オレたちははみ出し続けるしかない。はみ出す方向へ、全力で振り切っていくしかない。どんどん、わんさか、マッシブに、スピーディーに自分という触媒に素材を放り込んでいこう。自分ではコントロール不可能になって、溢れ出すくらいぶち込んでみるくらいでちょうどいい。その中でおぼれないように、必死にもがいているうちに、いつのまにか余裕で泳げるようになっているから。

毎日が漫然として、変化がない人はいつも「楽勝」のコンフォートゾーンに居続けているだけだ。オレも今だって、毎日挑戦し続けている。よほど意識して、自分で自分に強制しなければ、オレたちは自分の中に異世界を取り込めない。

だから**オレたちは、自分で自分に強制して、ガンガン異世界と握手しにいこうぜ。**

「らしさ」をビジネスの中にぶち込め

「自分のビジネスを作る」ってうえで、一番大事なことを話しておく。

それは**「らしさ」**を追求するってことだ。

「らしさ」が正しく中央に座っているビジネスというのは、背骨が通って、揺らがなくなる。しゃんと背骨が通って整った姿勢というのは傍から見ても美しい。そうなれたら、世の中が放っておかない。オレはこれをビジネスにおける「絶対領域」の中心点という意味で「コア」と呼んでいる。だからこれから自分のビジネスを作りたいと思っている人や、すでになんらかのビジネスを自分でやっているがうまくいっていないという人はここを意識してみてほしい。しっかりと自分の「らしさ」（コア）をビジネスの中にぶち込めているのだろうか？と。

少なくともオレは、自分が手掛けるビジネスではこれを最大限重視している。色々なことをやっているが、どんな分野であっても自分だけがなしうる「絶対領域」で戦えるか？というのを徹底的にこだわる。枝葉的なノウハウやテクニックは多々あるが、そういったことよりも、絶対領域を捉えた活動になっているかということを意識することが最も重要だし、根幹だと思っている。

では**「らしさ」とは何かと言ったら、これは、基本的な生き方の姿勢だ。**そして、小さい頃から変わらぬ自分を貫いてきた一貫したベクトルだ。それは表面的には取り組みが変わっても、ずっとついてまわる。

例えば、オレは大きくは「教育」をテーマに活動をしているが、中学の卒業文集から「将来は教師になる。人生の重要な岐路で背中を推し、導いてやる存在になりたいと思っている」といったことを書いていた。三つ子の魂１００まではよく言ったもので、その言葉どおりに今もやっているなと時折思う。

人というのはきっかけさえあれば、あるいはしかるべき知恵を身につければ、どうにだって未来を変えられる。そしてそれは自分自身の努力の集積と、正しいプロセスを通れば誰にだってできることだ。そこにオレのビジネスにおける信念がある。

つまりビジネスを通じて、人の持つ無限の可能性を肯定する、ということだ。人生というのは面白くて、１ミリずれていれば、変わる未来というのがあると思っている。ほんのちょっとのきっかけで、ジョン・レノンのように音楽で世界を変えることができるかもしれないし、未来のスティーブ・ジョブズが生まれるかもしれない。その可能性は誰にも否定できない。

だからオレはそれを「教育」ということの枠組みを作ることで、実現したいと思っている。オレのこだわりというのはそこだ。

そして、オレにしかできない、「オレらしさ」なのだと思ってやっている。

「継承する」ってことがすごく大事だなと思っていて。

なぜかというと、世の中の「匠《たくみ》」たちの技術って、他の誰にも真似できない極限の領域にあるよね。でもその人が死んじゃったら、そこでその極みの領域は消滅してしまう。そういう「極みの領域」ってのがあると思っている。一子相伝的な極みの領域というのは、人類の資産だ。そして、それを手渡すことは教育でしかできない。かつてだったら、それは徒弟制度の中で伝承されてきた部分があっただろうけど、現代ではなかなか実際問題として弟子をとる、ということが環境的にも法的にも難しい。だからオレはそういった、達人中の達人たちの見ている視点や、培ってきた技術、その底流に根差す哲学などを教育コンテンツとして記録することで叡智を後世に伝えるということをしている。デジタル化社会の一番の恩恵というのは、「記録する」ということと、記録したものを再生するっていうことのハードルが極端に低くなったことである。物理的なディスクに焼かずとも、オンライン上でデータを再生するだけで一流の匠たちにアクセスできる。

伝統工芸や芸能の世界などでも同じことが言える。人間国宝と呼ばれる人たちの営みは、死んだら終わり。再現しにくい世界にあるわけだけど、それを記録して、誰かに伝えたら、彼らが培ってきた芸術的な領域が後世にちゃんと伝わる。もしかしたら、その中から師匠を超えるような表現をする弟子たちが現れるかもしれない。現実に、表現というのは有史来そうやって過去を上書きしたり、新規保存するような才能が出てきて、ここまで進化を遂げてきたわけだし。

そうやって、高みに上りきった人たちの極みの領域を学ぶことで、誰かがまた次の高みを作るためのきっかけになる。人類の営みの中で生まれる素晴らしいもののバトンタッチがそこに成立する。そうやって、誰かが誰かの一部になって、またバトンを渡していく。「ペイ・フォワード」という映画があったけど、まさにそれをリアルに実現できるんじゃないかと思っている。基本的にまだほとんど発想の枠組みくらいしかないこの企画だけど、絶対に形にしたら面白いし、世の中にとって意味のあることだと思っているのでやっていくつもりだ。

こういう風に、**徹底的に自分の「らしさ」をビジネスにぶち込むことって大事**なんじゃないかなって思う。これだけ情報が世の中に拡散する社会だから、「儲かる方法」だけだったら、ネットをちょいと検索すれば、それこそゴマンと出てくる。お金を稼ぐということ自体のバリエーションはかつてないほど広がっているわけで。だけど、軸のない活動に、仲間はできない。本当の意味で、自分にとってのやりがいは得られない。だから「らしさ」をビジネスにぶち込んで、自分のビジネスの背骨をきちんと通さないといけない。じゃあ、その「らしさ」ってのはどこにあるのかというと、オレの場合自分自身がクリエイターとして社会的に成立できなかったという悔しい体験に根差して、活動の場をビジネスに移したように、自分の過去の体験の中に必ずある。自分の過去体験を紐解いていくと、原点にして揺るがない強固な「コア」が見えてくる。それがあなたのビジネスにブレイクスルーする突破力と、決して揺るがない軸のようなものになってくる。そのコンセプトがビジネスの背骨として貫通したとき、あなたは自分のビジネスを手に入れることができる。

何かをやるなら替えがきくような生き方をしてもつまらない！
呆れるくらい徹底的にらしさにこだわって、世の中に、キミという必然性をねじ込め！

コアを見つけろ！

今「コア」っていう言葉を使ったけど、オレが主催しているビジネス勉強会や講座では、いつも「コア」っていうものを軸に据えるために時間をかける。コアが定まる前に走り出しても全く無意味だからだ。コアの話を持ちだすと、決まってこんなふうな反論がくる。

「そんなややこしくて回りくどいことしなくても、もっと簡単にお金儲けできる方法なんていくらでもあるんだから、それを教えてあげたほうがいいんじゃないですか？　特にスタートアップはまず先立つものがなきゃですし」

まあ、そりゃそうなんだ。ほんとそのとおりだ。確かにコアなんぞなくとも短期的にお金を稼ぐことは今の時代難しくない。

そういうふうにしてちょっと目が飛びでるような大金を掴む若い奴らも多い。だが、その大半は2、3年の間に消えていく。面白いくらいそのループは過去に幾度となく繰り返されている。その理由は、彼らはライスワーク＝メシを食うための仕事のみを追求していて、ライフワークをのけものにしたあり方を選択しているからだ。

起業するからには、長く生き残る起業家に誰しもなりたいだろう。そのためには、ライスワークとライフワークを一致させなければいけない。そうでないと長く走ることができない。

確かにオレたちはメシを食えなければ生きていけないけど、じゃあ「腹さえ満たされればそれでOK」ってわけでもないだろ？　メシが食える＝ライスワークだけでは片手落ちだ。

「人はパンのみに生きるにあらず」という言葉は有名だが、オレたちは自分の魂を満たすことなくして満足には死ねない。**そもそも人間というのは、たいして楽しくもないことをずっと続けられない生き物だ。**特に、起業家なんていうのは誰かに雇われて支配されているわけではないから、人生に強制力が働きにくい生き物だし。だが、長く走らなければ本当に地を固めたことはできるわけがない。となると、結局のところ、コアとの整合性がないところで何をやっても意味がない。何も残らないような金儲けとしてだけのビジネスを追求すればするほど、そのジレンマに陥ってどうしようもなくなる。自分を見失い、ますます金でそれを解決しようとするが虚しくなるだけ。

この無限地獄的ループをさまようのが関の山だ。

幻想を見て夢心地の間はとても愉快だろうけどね。夢から覚めた瞬間、絶望の死産を痛感するだろう。そんな金儲けテクニックだけによったバカな奴らがほんと増えすぎだけど、そんなものはマジ意味ねーから。それじゃあ人生根本的には変わらないのよ。

「スタートアップだからまずは先立つもの（お金）を」という主張って、とても正しいように聞こえるけど、間違っている。

しようもない奴がお金だけをを持っていても、ろくなことにならない。

それはひどい有様を散々撒き散らしているブサイクな連中を見てれば明らかだろう。

だから急がば回れ。やはり足元から確認していかなければいけない。

自分の潜在意識や無意識の領域までアクセスして、「目隠し」を外しにいかなけりゃいけない。視界が曇ったままじゃあ、見誤るってもんよ。

見える景色さえ変われば、その先の冒険はいくらでも自分の意思で進んでいける。

「これが自分だ！」っていうのを浅いレベルで捉えて思い込んでみたところで、それじゃ、いつまでたっても浅い自分の投影像と共に生きていかなければいけない。

人生は、ほんとはもっと自由でワイルドでウキウキでハッピーなんだ！

そのシンプルなことに気づくために、途方もなく数ヶ月くらい彷徨ってみるのは無駄じゃないぜ。人生の主導権を取り戻すためには、無駄にまとわりついた靄《もや》をかき分けて、散々内的な「自分」と対話するって時間も必要だ。そうしてたどり着いた「コア」ってのは、揺るがない自分の「絶対領域」の屋台骨になる。あり方を腹に決められれば、人生勝ちだし、価値だぜ。

第6章 腹ではなく、魂を満たせ

月に手を伸ばせってのがオレの信条だ。
たとえ届かなくても

――ジョー・ストラマー

自分を人質にしてすごい奴にタダで差し出せ

若くてお金がない。すごい人とつながりもない。周りの仲間も普通な生き方をしてきた奴らばかり。だから特段これといった経験もない……。

そういう人はどうしたらいいか？

そういうときは、**自分を人質にしてみる**ことをおすすめする。**労働力を差し出すことによって、すごい人の隣に置いてもらう**のだ。

これは、一見汗臭い昔ながらの徒弟制度だが、これが効く。

オレも1人そういう弟子みたいな子がいた。山田和正くんという奴だった。

彼は、オレのところへころがりこんできたときは本当に「ダメな奴」だった。喋り方からして、甘ったれのびのびりだったし、終始ボケーッとしててトロイし、彼女も5年間いなかったし、全く自分に自信がない奴だった。

オレが頑張って2時間かけて話し込んだのに話の最後で「わかった？」と聞くと「えーと……すいません、頭が悪すぎて原田さんの話している言葉がよくわかりませんでした。（爆笑）」とか言ってるし。

しかも、最悪なことに、彼には多額な借金があった。実家が印刷業を営んでいて、設備投資などをして借金が2億円あった。彼は毎月の稼ぎの8割を借金返済のため、実家に入れていた。残りのお金は翌月の収益をあげるために広告費などで出費する。

つまり、彼は毎月１００万円の稼ぎがあっても、実質月収10万円とか20万円くらいで生活をしていたのだ。

そんな無限の借金返済生活を続ける中で彼はオレと出逢い、「弟子」という形でオレの秘書をはじめた。

秘書、と言えば聞こえはいいが、要するにただの雑用係だ。事務所のトイレ掃除からはじまり、郵便の受け取り、イベントを開催するときには受付に立ったり、カメラ係をやったり、夜中だろうが呼び出されれば実家のある月島から都心や、オレの事務所がある吉祥寺まですぐに飛んで来たり。出張に行くぞとなれば、重たい鞄を持たされて全国を一緒に駆け回ったりした。

もちろん、ただ好きでオレの手伝いをしているというだけなので、雇用関係にある正社員とかではないから給料などはない。文字通り、ただ働きの丁稚奉公みたいなものだ（その代わり飯はしこたま食わせてやった）。

彼は2年間くらいオレのところにいたが、その中でオレが彼に教えたことは……特に何もない。（笑）　彼は「弟子」であって、オレの生徒でもなんでもないから、時間をとってレクチャーをしたり、細かい指導をしたりといった「伝授」はほとんどなかった。彼は、ただオレと「いた」だけだった。つまり、オレは彼が隣にいることを許可し、彼はその代わりに自分の時間を差し出した。そういう関係。プライベートの時間は、深夜終電で家に戻ってから寝るまでの1日2～3時間程度。翌朝にはまたオレのところにきて1日雑用だ。

だが彼は、そんなプライベートがほとんどないような半奴隷みたいな生活をしながらも、めきめき自分の収入も伸ばしていった。帰宅後のわずかな時間を使って、ひそかに自分のビジネスに短時間集中で取り組んでいたのだ。具体的に言うと、彼はオレが昔やっていたようにサイト運営による広告収益をあげるサイト運営ビジネスをやっていたのだが、気がつくと、そこからの収益が月に３００万円を稼ぐまでになった。

オレのところにやってきた頃から比べると、実に2倍の収入だ。1年で所得を2倍に増やしたというのだから、これはなかなかにすごい。

さらに山田くんは、テレビ出演まで果たした。もともとはオレのところに取材にきた話だったんだけど、「今ね、面白い弟子が1人いるんですよ」と話したら、オレよりもむしろ山田くんに興味が湧いちゃったみたい。（苦笑）

で、テリー伊藤さんと元ＳＤＮ48の芹那さんがＭＣを務める新年特番で、彼の特集が組まれることになった。この番組は、通常1時間番組を3分割して3人の人が取り上げられる形なんだけど、彼の「人質作戦」と今どき珍しい「弟子」という生き方が、あまりに珍しく、面白いということで、山田くん単独をフィーチャーした形で急きょ特集が組まれた。このとき

同番組史上で最高視聴率を記録し、テレビ局のプロデューサーからも「すごいことだよ！」と喜ばれた。

すごい人の周りにはすごい奴がいる！

オレのところに弟子入りしてちょうど1年半で、彼は、自分の会社を設立し、社長になった。実家の借金にも返済目途がたち、今は自分の夢だった「もんじゃ屋」を地元・月島に作るため毎日奔走している。ちなみに、彼が会社を作るとき、社名をオレに命名してほしいと頼んできた。

オレは、彼の会社を**「株式会社もんじゃ」**と名付けた。だって日本一のもんじゃ屋になりたいんだから、「もんじゃ」が一番シンプルでいいでしょ？　単純明快すぎてバカみたいだけど、我ながら結構ナイスネーミングだと思っている。（笑）

なぜ彼は、ろくに自分のプライベートすらないのに稼ぎを伸ばしたのか？

なぜ彼は、特に何も教えられていないのに、自然と成功へ向かうことができたのか？

その原理は極めてシンプル。

すごい人の周りには、同じようにすごい人がいるからだ。

オレの周りには、年収1億程度を稼ぐ人間がゴロゴロいる。

オレの周りはそれが「常識」であり、アベレージだ。**その人たちと共有する時間の中で、普通の人とは全く異なる考え方や、行動原理が見えてくる。**

だから、気がつくと、たいして教えてもらったわけでもないのに、同じように考え、行動するようになる。ここに「自分人質化作戦」の真価がある。

人間というのは同調圧力をかけられずとも、無言のうちに同化していく自然的性質を持っているのだ。お金持ちの息子が、お金の帝王学を知らず知らずのうちに親から吸収していくのと同じように、「一緒にいる」だけで、身にしみいって気がつくと圧倒的な成長を遂げているのである。

普通なら、すごい人の隣には、お金を払っても一緒にいさせてもらえない。だけど、こういう風に、自分を人質にすれば、億万長者でも成功者のところにでも潜り込める。

その中にいるだけで、ものすごく成長する。たとえ師匠が何も教えてくれなくてもだ。だから、もやっとくすぶっているくらいなら、自分を人質にして、タダで差し出すのも悪くない。どうせ、そのままではたいしたことがない人生だろ?

だったら、自分なんてクソッタレだと思って、

タダで売っぱらっちまうのだって手だ！作戦は無限。やると決めた奴がチャンスの女神に愛されるんだぜ。

尊敬する人の「むちゃぶり」ならいくらでもやれる！

かく言うオレ自身も、自分の価値をタダにして、自ら自分を差し出したことがある。あまり知られざる現代の身売り、人身売買作戦だ。（笑）

起業したばかりの頃、尊敬するＳさんという起業家がいた。

彼はすごく華があって、人前に立つとオーラがすごかった。ＩＴの会社をやっているくせに、てんでパソコンがダメで、ほんのちょっとしたことでも誰かに頼まないとできない人だった。だからオレは、「自分を使ってくれ」と志願した。

最初にやった仕事は、彼の会社のごちゃごちゃにとっちらかったデタラメなサーバーの中身を１つずつ確認して、整理をすること。「どこをどうしたらこんなにとっ散らかるのだろうか？」というくらい混沌としていた１万個はある膨大な量のデータを１つずつ丁寧に精査して、捨てるものと残しておくものを仕分けた。気が遠くなるような作業だったけど、やり終えたあとのSさんからの「おつかれ。ありがとうな」という一言が嬉しかった。

他にも、彼がやるイベント情報の更新から、新商品の販売ページのデザイン、ときにはその文章の執筆代行まで色々やった。オレの場合も、彼から何かを具体的に直接教えてもらったということはない。完全な黒子として、彼がビジネスで表現することのほんの一部を、ものすごく地味で誰も見ていないようなところで手伝わせてもらっただけだ。

だけど、そのおかげで、オレは普通の人はなかなか会うことも、話すこともできない人と一緒にいることができた。電話一本でいろんなことを話せたし、夜な夜な6時間くらいチャットで世の中のこと、ビジネスのこと、マーケティングのこと、女の子のこと……など話題が尽きるまで話し込んだこともある。

そんな時間が、まだ駆け出しで知恵も経験も実績もない無知なオレにとってはかけがえのない学びだった。

「無料で」というのが生活的に厳しい場合は、格安で売り払うというバーゲンセール戦略をとってみるのもいい。

オレ自身も自分が起業する前、とあるベンチャー企業に潜り込んでいたことがある。

当時正社員1名に、学生の半社員が2名という超零細のスタートアップだった。オレがもらえたのは、月に13万円くらいの薄給。でも、小さい会社だけど有名なポータルサイトを運営していたりして、オレはいきなりそれを任された。１人しかいない「オレ事業部」だったから、サイトの更新から、新しい企画、プログラムを設計して書いたり、デザインを作ったり、コーディングをして組み上げたり、バグチェックをしたりといった一連のすべての仕事はオレがやらなければいけなかった。

はっきり言って、当時の自分からすると能力的にも、時間的にもはるかにオーバースペックなことをやらされていたけど、その代わり力は物凄くついた。だんだん自分が一人何役やっているかもわからなくなり、自分が分裂しそうな、気が狂いそうなくらいの鬼労働をした。

この効果はでかい。人質になるといっても何も一生その人の奴隷でいるわけではない。たいていの場合は数年間程度だ。そのくらいの時間を人質として過ごすことで、一生が変わるなら安いものではないか。

「やり方」より「あり方」

こういう経験は、お金を出しても絶対に学べない。お金を出して学べるのは「やり方」ばかりだ。ハウツーだけを教えてくれる機会は相当に多い。ＳＮＳを見ていると、あちらこちらで連日ハウツー系のイベントが目白押しだ。

「やり方」の勉強会は、そこら中に溢れていて、お金で売り買いされている。だけど、やり方を覚えたところで、それだけでは世の中を変えることはできない。**専門学校で100万円を払って専門技能を身に着けたとしても、それだけで飯が食えるわけじゃない**のと同じ理屈だ。

実際のところ、やり方は大前提として身に付けなければ話にならない。だがそれだけで食えるほど世の中甘くはない。ハウツーはむしろ溢れすぎている。**今、必要なものは、「やり方」ではない。「あり方」**だ。

それは、お金を払ったところで買えるものではない。

自分を差し出して、相手の懐に飛び込んでいったときに初めて少しばかり見えてくるものだ。

むしろ、自分で掴み取りに行けなければいけない。でもそのスタンスさえあれば、お金をかけなくても掴めるのがあり方だったりする。

そして、この「あり方」の集積が自分の「コア」になっていく。

認めさせる力を手に入れろ!

どんな仕事をするんでも、最終的には「認めさせる力」がモノをいう。

逆に言えば認めさせる力がなければ、どんなことをやったって無駄だ。

他人に自分の価値を認められない限り、価値は存在しないのと同じ。

いいことをやっていても、生み出していても無価値。それって、本当に悔しいだろ？

オレもこれまで色んなウェブサービスを作ったり、企画をしてきたり、マーケティングをしてきたけど、全部が成功したわけじゃない。むしろ失敗した数のほうが多いくらいだ。

オレが初めて挑戦した全力をかけてやったウェブサービス「東京カフェスタイル」だって、なけなしの駆け出しのころから２０００万円くらい私財をつっこんで頑張ったけど、最終的には更新停止をした。

はっきり言って、悔しかったよ。そういう認められなかった自分のアイディアって、本当に悔しい。価値はあるはずなのに、誰もそれに気がついてくれないんだから。でも、そこに言い訳はできないよね。結局のところ、世の中ってのは残酷で、「認められるか」、「認められないか」という二択しかないんだ。

どんな環境においても必要な力

認められなければ、そこでおしまい。存在価値なんてないも同然。

「さっさとやめちまいなよ」って宣告されているようなものだからね。だから、オレたちは自分のやることの価値を世の中に認めさせる必要がある。認めさせられなければ、ホントにみじめだぜ。

こういう話をしていると、「オレには関係ない」とか思って読んでいる人もいるかもしれない。

でも、全然そんなことないからね？

オレたちみたいな、自分自身のアイディアを認めさせることがそのまま生き方や、経済的成功と直結している連中は当たり前のように認めさせる力が求められるけど、例えば会社員や、アルバイト、学生……誰だってみんな日々「認めさせる」ことによって成立しているんだ。

例えば、会社員だって上司に認められなければ、会社に居場所はない。もっと言えばお客さんに認められなければ上司に認められることはないだろう。アルバイトも同じだ。

学生だって、学校の先生を認めさせるから単位がもらえるんだし、おこづかいだって母ちゃんがキミのことを認めるからもらえるわけでしょ？ **他人に自分の価値を認められないで生きていける人なんて、いない**んだよ。

認めさせなければ仕事にすらならない。学生ですらいられない。だから認められないで生きていける「特殊な人々」なんて実はいないんだ。

オレたちは、みんな等しく、大なり小なり「認めさせる」ってことから逃れられない宿命の中に生きている。差がついているのは、大きく認められているかどうかということだけ。

その違いでしかない。**本質的な価値自身がどうってより、世の中に「認められる」かってのが割と差をつくる**んだ。

認めさせる方法

じゃあ、ビジネスという枠組みにおいて「認めさせる」っていうのは具体的にどういうことか？　それは、**世界観（自分にとっての正しさ）を放って、それを自分以外の人と共有すること**だ。自分の思う「これ！」ってやつを、相手にも「そうか、これか！」って共有できたとき、認めさせるということは成立する。

その共有するものは極論なんだっていい。自分が正しいと思うことや、自分の好きなことでいい。

だが、これが案外に難しい。そもそも人間というのは、大人になればなるほど、各々の価値観でガチガチに凝り固まっていくもの。その固定化した価値観を書き換えて、上書き保存する＝「認めさせる」には、その枠組みをいっぺんぶっ壊して、新しい価値観をねじ込んでいかなければならないのだから。

そこで必要になってくるのは、ノウハウとかじゃないんだよね。

「マーケティング」とか「コピーライティング」とか、「ブランディング」とかいったビジネステクニック・ノウハウじゃない。まあ、確かにそういう技術が役に立つ場面はあるだろうけども、それ以上に「認めさせる」ために必要なことってのは、熱意なんだよね。それもまがいものじゃない、本物の熱。それしかない。本気であり、本音だ。

心を込めた、「ありったけ」でぶつからなければ、深いレベルで認められることはないだろう。情弱を釣るような商品やサービスを売るしか能がないような連中がインターネットの世界にも、オフラインの世界にも溢れているけど、本当にお客さんに愛されていて、「認められている」ビジネスを見渡すと、結論はそこなんだということに気がついた。

認めさせるためには、心を込めなければいけない。それは本物の情熱であり、本気の生き様であり、本音から紡ぎだされる言葉で語られなければいけない。

ってこと。

ちなみに、こういう話をしていると「正しいことって何ですか?」ってな禅問答がはじまっちゃう人がいるけど、ぶっちゃけ答えなんてないよ。「正しさ」の尺度を外の世界に求めて見ても、永久に答えなんて出ない。正しいこと、っていうのは、時代によって、場所によって、状況によって変わる。本当に面白いくらい変わるんだよ。

結論から言えば、正しさ、なんていうものは存在しない。

あるのは「自分にとっての正しさ」でしかない。つまり、内的なものだということだ。

だから、自分が正しいと思うかどうかでいい。自分が正しいと思ったものが正しいんだ。

それ以上には、どうやったってできないのだから。できるとすれば「自分の正しい」を相手にとっても正しいものにする、ということだけだ。

これが何かというと、オレたちはビジネスをやるうえで、何かの「正しさの表象」であり、代表としてそこに立っているわけ。何らかのテーゼ（主張）があって、存在しているわけだから、それを相手に認識させていくことで、仲間を作ることができる。それが「認めさせる」っていうことだ。

他人に、自分の信じる価値や正しさを認めさせていくためのポイントをオレなりに教えておこうと思う。大きくは次の４つだ。

その１：自信を持って、全力で思い切りやること。

全身全霊を込める。正々堂々とやる。極論、自分のウンコすら認めさせるくらい１２０％振り切った全力の肯定感を纏っていこう。

その2：人生すべてはコンテンツ。

相手に受け取られる形に変換しさえすればあらゆる経験の360度すべてが意味を持つ。「異世界と握手」をしまくって経験値を増やす。そして、骨身を削った全身全霊から紡ぎだす渾身の一撃を世に放つ。結果を出すこと、そのためにオールインしろ。

その3：言いたいことを決めろ。そこからすべてははじまる。

言葉がなければ、認識が生まれない。認識されないものは、受け取られない。だから言葉にならないものというのは「認められない」。だから表現として、明確な言葉にして差し出す必要がある。できれば端的に射抜く言葉を紡げたら最強だ。

その4：言いながらやる。やりながら言う。

今の時代「企業秘密です」とか言ってどうでもいいことを隠しているよりも、SNSなどのメディアでどんどん情報開示をしていったほうが、プロジェクトは遥かにうまくいきやすくなる。特に小さい会社や個人の場合広告宣伝費を水のようにかけるなんていうことはできないから、普段の情報発信から開示度を上げていくことで自然とファンを増やす活動をやったほうがいい。

オレも自分たちの手の内はドンドンSNSで公開しながらプロジェクトを進めている。この本を書いている様子も全公開だ。それによって、見ている人は間近で同様のプロセスが見られるから応援してくれる。伝えながらやることで、見ている人たちを裏切れないと思える環境を自分で作って、必死こいて頑張れるよね。くじけにくくなるから挫折もしにくくなる。いいことづくめだ。言いたいこと、やりたいことをやりながら、その延長でマーケティングもやっちゃえるってわけ。

愛の戦いをはじめよ！

「呪いの戦い」をしている人って多いなぁと思う。

呪いの戦いっていうのは、お金だけ求めているような戦い方のことね。

特にスタートアップステージにいる起業家にはすごく多い。

たいていの場合、お金の呪いに取りつかれた**「マネージャンキー」**たちは、多かれ少なかれ、強迫観念や、自己承認欲求、満たされない自我を満たすためにお金をひたすら追い求めている。お金さえあれば、それらが満たされると思い込んで、ひたすらお金を追い求めるような生き方をする。**ちょっとしたゾンビ**みたいなもんだ。

だけど、そんな彼らを単純に責めることはできない。そこには多少なりとも被害者意識が介在するからだ。実際、彼らの多くというのは、過去のどこかの地点で、自尊心が傷つけられていて、それをお金で埋めようとしているだけなんだ。

つまり、「お金を持っていないと、誰からも認められない」という強迫観念に追われて、マネージャンキー化して、呪いの戦いをしている。

だが、呪いは呪いだ。いくらお金を稼いだところで、永遠に解けることはない。

そこから逃れるためには、根本的に戦い方そのものを変えなければいけない。

呪いの戦いではなく、愛の戦いをはじめなければいけないのだ。

呪いはお金を稼いでも解けない。

呪いを解くには、実は、お金だけじゃなく、愛で満たされなければいけないんだ。

このことはビジネス書ではほとんど語られないけど、本当だよ?

お金で満たされないものが欠損しているのに、それをお金が足りないからだと思って、またお金を稼ぐ。でもお金ではどうしても満たせないから、もっとお金があればなんとかなるんだと思って、またお金を追いかける。

そのループは、途切れることはない。

愛でしか、満たせないものがある。

それは、**自分が自分でいていいのだという世界からの承認**だ。

つまり、お金を持っているかということでなく、存在そのものを、社会から「認められる」ということを通じて初めて、愛を感じ、受け取ることができる。そういう意味でも、オレたちは、やはり認められなければいけない。認められるっていうのは、言い換えれば、愛を感じるってことだ。オレたちは、愛を感じるから、愛を放てる生き物。

だから、認めさせなければいけない。承認されなければいけない。

愛されなければ、長くは走れない。

じゃあどうすればいいのか？

愛の戦いをはじめるためには3つの出逢いが必要だ。

人がどれだけ成長するかというのは3つの修羅場をくぐってきた数によると思う。


1つめは、「絶対に眠れないと思う学びをいくつするか」。

2つめは、「絶対裏切れないと思う人と何人出逢うか」。

3つめは、「絶対負けられないと思う戦いをいくつするか」。


この3つをひっくるめて、最終的には「今、ここ」という実存に生きられるかどうか。これが決めているような気がする。だって、リアリティのない本気とか、ありえないからね。

その質量をぶつけられる人だけが、現実をこじ開けることができる。

結局のところ、自分にとっての「今、ここ」を一生懸命生きられるかっていう問題は、人生レベルで影響している。そんな気がするんだよ。

だから、絶対に負けられない戦いを選べ！
自分の正義と、愛のために戦え！

「ライスワーク《お金のための仕事》」と「ライフワーク《やりがい》」を重ね合わせて「ライブワーク《絶対領域》」に生きる

最近本屋にいくと、「どう生きるか？」をテーマにした本がたくさん並んでいる。

ライフスタイルというものを語るとき、どうもその「形式」ばかりが語られがちである。ノマドに働く、とかワークライフバランスだとか……そういう「どういう形式でやるか」というところにばかり焦点がいきがちだ。

だが、形式はぶっちゃけどうでもいい。そこよりも大切なのは、その中身だ。つまり、自分が「どう生きたいか？」ということに中心点がなくてはいけない。

「どうやるか」というハウツーや方法論よりも「どう生きたいか？」という自らの内的なイデアをより重視しなければ満足感に満ちた幸せな人生なんて送れるわけがない。

オレが思うに、仕事には**腹を満たすための仕事＝ライスワーク**と、**心を満たすための仕事＝ライフワーク**がある。だが、このどちらか片方では不十分だ。

この両方を重ね合わせて**「ライブワーク」**にする。これが正解。

ライスワークと、ライフワーク。この2つの「ワーク」の重なる位置こそが、その人が最も活きる生き方＝「ライブワーク」なんだ。自分の可能性を最大化し、幸せに生きるためのたった1つの方法。それは**ライブワークに生きる**ことに尽きる。

理由は単純明快。**生きることは、働くこととほぼイコール**だからだ。

しかし、現代人の多くが、ライスワークとライフワークが分離してしまっている。そのせいで、人生まで分裂してしまっている人が多いように思う。「本音」と「建前」が分断して、「どう生きたいか」という中心軸が見えなくなった生き方というのは、そこに「自分」はもはやいない。当然だが、自分がすっぽぬけたところに、やりがいも、満足も得られるわけがないし、楽しいわけがない。そうなると、**働くことが、不幸と感じるようになる。**

だから自分の仕事に対して「人生がつまらない……」と不平不満しかでないサラリーマンは多い。**「仕事は仕事だから」みたいに言う人がいるが、オレはその言葉って大嫌いだ。**

仕事だからこそ楽しいものでなければ生きていてつまらないだろ？　そんな毎日を送るくらいなら、今すぐ死んだほうがましだ。だって、生きていることがつまらないって思いながら生きているくらいなら、人生やめるか、自分自身の手で楽しくするしかない。

この「ライスワークとライフワークを重ねる」、というのはちょっとしたコツがいる。それは、**自分の「好き」と「他人の興味」を重ね合わせなければならない**ってことだ。

これができないと、ライスワークも、ライフワークも成立しない。当然、ライブワークになんかまずならない。**いくら自分が好きでも、他人が興味を持ってくれなければ、それは独りよがりのアーティストと同じ。オナニーでしかない**からだ。

価値を生み出し、それをシェアできる人にならないといけない。逆に言えば、それさえできれば、あなたの「好きなこと」＝ライフワークは、ライスワークにもなる。でもって、そうなるとライスワークとライフワークの両方が重なり合って、あなたの人生は丸ごとライブワーク化するってわけだ。すなわち、生きることのすべてがライブワーク化した状態になる。そうなると強い。

オレたちはそういう状況を目指そうぜ！　そんなふうにライブワークに生涯を捧げる人生を送れたら、「最高だった」と思って死ねるってもんだろ。どうせ生きるなら、いつか死ぬなら、そう思えるような人生にしたくないか？

腹ではなく魂を満たせ！

極論だが、オレは自分の腹が満たされることなんてどうでもいい。

そんなことを考えて、仕事をしたことはない。

自分の腹が満たされる以上に、自分の魂が満たされるかを基準にして仕事を選んできた。

19歳で起業して以来、学生の頃から20年近く「自分を生きる」ということをやってきた今、その思いはいっそう強い。綺麗事に聞こえるかもしれないが、本当だ。

でも、まだろくにメシが食えなかった時代は本当に悲惨だった。文字通り「生きるか死ぬか」みたいなときに「腹よりも魂」という言葉は残酷にすら聞こえる。だが、「腹が満たされる」ということだけに執着していては何も意味がないように感じた。本能だけで生きている動物と同じみたいで、なんだかそれじゃあ人間に生まれてきた意味も見いだせないような気がしたんだ。

そして、「魂が満たされる」ってことを求めて、とにかくがむしゃらだった。ときには割に合わないような仕事や、一見まったく儲からなそうなこともたくさんやって、たくさん遠回りをしてきたように思う。儲けることが得意な起業家の仲間からは、「原田さんは、ほんと儲からなそうなことばっかやってるよね。もっとうまくやればもっと儲かるのに」と揶揄されることも多々あった（そして今も多々ある。笑）。

だけどね、オレは、ぶっちゃけ、自分の腹が満たされるかどうかなんて気にしたことがないだけなんだ。そんなことを考えて仕事をしても、つまらない。

腹が満たされるだけなら、アルバイトだってやっていける。

この国で飢えて死ぬなんていうことは、基本的にない。

どうやったって生きていける。オレたちが暮らしているのは、世界一恵まれた国、日本だ。

極論だけど、**日本ってのは世界で珍しいくらいの「死にたくても死ねない国」**なんだぜ。

わかるかな？　よくさ、「とはいえ、私にも生活がありますので……」とか言って引け腰な人がいるけどさ、そんなのは言い訳にもならない言い訳だよね。

オレなんて、お金がなかった頃、生活のためにゴミを拾って生きていたよ。

着る服は古着回収の日にゴミ袋を漁って手に入れていたし、漫画も資源ごみの日に拾っていたし、果てはタンスやら椅子やらの家財道具も拾っていた。（笑）極端な例では、ギターやらパソコンやらの高級品もゴミとして捨てられていたことがあったから、拾ったもので身の回りの道具をなんとかしていたときもあった。「ゴミ」とか書くと、なんだか汚い感じのイメージだけど、少なくとも当時のオレにとってはまだ余裕で使えるものがわんさか手に入る「宝の山」だったんだよね。

もちろん、好きでやっていたわけじゃないんだよ。買えないから、拾っていた。それだけだ。そんな生活をしていたわけだから、お金がないことの惨めさや、悔しさ、歯がゆさは人一倍知っているつもり。

……だからほら、どうにだってなるでしょ？

やろうと思ったらどうとでもなるんだ。

最悪一文無しになって職なしでも、この国ではどうとだって生きていける。

オレたちがやるべきは、自分の信念に従って、ひたすら突き進むこと。

現実を動かすこと。

未来を自分の手で掴み取ることだ。

そうしなけりゃ、一生ダサい言い訳をして生き続けなきゃいけないんだよ？

何度も言うけど、よっぽど「餓死」が怖いなら、極論だけどアルバイトすりゃ生けていけるし、最悪生活保護だってある。

だから「メシが食えない」ってことを恐れて、行動まで縮こまっていたら、未来永劫あなたの人生は1ミリも変わらないんだぜ？

ビビってる場合じゃないよな。

オレたちは、腹を満たすことを心配するより、
魂を満たして生きよう。

黙っていたって、時間は過ぎていく。

そこにあるのは、延々と続く限りなく平凡な日常の繰り返しだけだ。その日常をどんな姿勢で生きるかで一寸先の未来は変わっていくんだぜ。

終章

不純な動機ではじめよう

絶望からはじまる、希望もある。
——原田翔太

絶望が深いほど、希望は強くなる。闇が濃いほど、強く光れる

今日のあなたは絶望しているだろうか？
オレは、絶望し続けてきた。

お金がなかった。
経験がなかった。
知識がなかった。
人脈がなかった。
学歴がなかった。
職歴がなかった。

そう……**なんもなかったの！**（笑）マジでなんもなかった。
笑っちゃうくらいなんもなさすぎたから、うまくいく根拠なんて1つもなかった。
全部、思い付きと思い込み。
でもその分、希望しかなかった。

ずっと追いかけてきた音楽の道を降りるとき、オレはどん底だった。

そのとき唯一見えた光が、目の前に広がるインターネットの世界だった。

オレはその一筋の光を掴もうと思った。

だからオレはギターを置いて、パソコンのキーボードに持ち替えた。

そして、オレは起業家を目指しはじめた。

オレが起業家になると言ったとき、みんながオレを笑った。


「あんなしょぼいウェブサイトしか作れないのにITの会社作るの？　無理でしょ」

「ベンチャーなんて水ものだ。安定しないじゃん。3年すら続くわけがない」

「もういい年なんだから夢を見ていないで、ちゃんと真面目に考えたほうがいいよ」


家族、親族、先生、友人、先輩、後輩、バイト仲間……周囲にいるすべての人たちから、これ以上ないくらい、ありとあらゆる「できない理由」がつきつけられた。

オレが本を書くと言ったときだって、みんながオレを笑った。

「お前に文章なんか書けるの？」
「作家で食っていくとか普通無理だから」
「まぐれで1作だせるのでも奇跡だよ」

……同じように、ありとあらゆる「できない理由」がつきつけられた。

オレがミュージシャンになると言ったときも、大半の人たちは笑った。

「そんなのできっこないよ」
「お前には才能がない」
「どれだけ難しいことかわかって言ってるの？」

……また、ありとあらゆる「できない理由」がつきつけられた。

しかし、オレはそのすべてを叶えた。

19歳で起業してから、オレは半生をずっと起業家であり続けた。「そんな幻覚《ゆめ》を見ていないで、ちゃんとしなさい」とか、「お前なんかにできるわけがない」と誰もが笑った。バカにされたその足りない頭で考え、下手くそとののしられた腕で生み出したクリエイションを世の中に認めさせてきた。

23歳のときに初めて本を書いた。そして現役大学生としては日本で最もビジネス書を書いた作家になった。果てに1年前には、自分がずっと尊敬していた編集者と共に出版社まで作るまでに至った。

そして、29歳になったときには、中学生の頃から憧れ19歳でギターを手放してから10年越しに、ミュージシャンとしてもプロデビューを果たした。

たくさんの夢を叶えてきた。

この本の中で、何度も伝えてきたけど、オレは、「なりたいものになれるのは、なろうとしたものだ」っていつも思っている。

結局のところ「自分らしくある」だとか「自分を生きる」ということは、どこまでいってもしょせん思い込みにすぎない。だが、それでいい。思い込みからはじめればいい。そんな勘違いから生まれた奇跡で世の中はできている。

オレたちは「強く思い込むこと=信じること=祈ること」で、未来を切り開いていく生き物だ。想いの力とはそれほどに強い。

だから、信じる力が強ければ、絶対に未来は掴める。

イメージさえできれば、「なにもの」にだってなれる。

それを証明したくて、自分自身の肩書をすべて手放して「原田翔太」という生き方をはじめた。つまり記号として「無記号」になって、挑戦してきた。

そしたらやっと「自分」ってやつに幾ばくか出会えたような気がするんだ。

四方八方、どこにもいけないくらいすべて失われて、一見闇の中にいるように見えるときもあるかもしれない。でも、その中にこそ希望があるんだ。いや、その中にしか見えない希望がある。それが、自分の中の勇気になって、最初の一歩を踏み出すときの原動力になる。

そんな、**絶望からはじまる希望もある**んだ。

まずは、不純な動機と向き合って自分の行動原理を知ろう

そんなわけで、オレはいつの間にか自分自身を語る肩書を放棄して、「職業=原田翔太」と定義し、ジャンルを問わず縦横無尽に色んなフィールドで活動するようになった。

よく聞かれるのは、「原田さんっては、何のために歌うの?」とか、「何のために喋るの?」「何のために書くの?」ということ。割と頻繁に、色んな人たちからこの質問をされる。

これに対するオレの答えは、シンプル。

あなたの人生に、火を灯したくて。

眠たがりな可能性を叩き起こしたくて。


ただそれだけでやってる。

もっと言えば、これって、オレ自身が元々たいしたことない奴だからなんだ。

そういう奴でも、何かのきっかけで、1ミリ生き方が違えば、全然違う未来が待っているかもしれないっていう可能性。それを伝えたかったんだ。オレみたいにそもそもたいしたことない奴だって、本気で願って本気で動けば、なにものにだってなれるんだよ。

そうやって進み出すための勇気を手渡したくてやっているんだ。

自分自身が最前線に立つ活動を通じて、そんな「きっかけ」を誰かに手渡したくてやっているんだと思う。


オレはさ、親父がミュージシャンで、母親が絵を描いていたんだ。今のオレが見て両親は2人とも偉大なクリエイターだったと思う。でも彼らは結果的にアーティストとしては世の中で大成することはできなかった。

現実として今オレの親父はタクシードライバーだし、母ちゃんはスーパーでバイトをする主婦をやっている。もちろん2人ともオレにとっては偉大なヒーローだ。でも現実としては、今はそういう感じで。ただ、そんな彼らもほんの少し、1ミリでも何かきっかけがあって、少し違う生き方をしていたら、もしかしたら親父は第二のジョン・レノンになれたかもしれないし、母ちゃんは第二のピカソになっていたかもしれない。

これって、みんなにも言えることだと思うんだよね。そういう人ってきっとすごく世の中多いんだろうなって思う。「ほんのちょとだけ違えば」っていう人がさ。

オレの場合は、生まれがそんな感じだから、たまたま情熱の矛先が表現や芸術方面に向いたわけだ。両親のやってきたことがちゃんとオレの中にも流れ込んでいるなって感じるときがある。そして親父や母ちゃんの心境を時折想う。ギター弾きが夢を諦めてギターを置く瞬間。あるいは絵描きが絵を諦めて筆を置く瞬間。すごく悔しいだろうなって。そういうとき、自尊心はめちゃくちゃ傷ついているはずなんだ。いや、この本で書いたとおり、オレも少なくとも一度そういう瞬間があった。「もうダメだ」と思って、一度は夢を諦めかけた。そのときの感情を今でも覚えてる。言葉にはならない深い挫折感と、自分の大切なものを自ら封じ込めて、抹殺して見ないようにする、そんな背徳感でいっぱいだった。悔しくて、情けなくて、涙が溢れてきた。絶望しかなかった。まるで、自分の半身が強引に引き剥がされて消えてしまうような、なんとも言えない喪失感でいっぱいだった。

意気消沈して、落ちるところまで落ちたあと、オレはギターをパソコンのキーボードに持ち替えて新しい闘いをはじめることを自分の胸に誓った。そのとき思ったね。少なくともこれからオレが関わっていく人たちに、こんな思いは絶対にさせたくないって。このフィールドで闘い抜いて、大切なものを守れる力がほしい、二度とあんな悔しい思いをしないようにと。

そして希望に溢れ、夢を胸に抱き燃えたぎっている、世の中のまだ「なにものでもない」若い奴らの胸の炎が消えないようにって。彼らが「なりたいもの」になれるようにと。

オレは、「頑張る人はかっこいい!」って思ってる。

頑張っているのに、結果がでなくて悔しい思いをしている人を見ると、すげー悲しい。

頑張っているのに、笑いものにするような光景を見るたびに許せない気持ちになる。

今さ、若者はやる気がないとか、夢がないとか、冷めているとか、なんかおっさん連中が色々言ってくるじゃん?

でも、それって、社会が頑張る人を認めてこなかったからだと思うんだよね。

みんなが頑張る人を素直に応援して、「かっこいいぜ!」って言ってあげられる社会になったら、頑張る人がもっと増えるんじゃないかと思うんだよね。

少なくとも、夢を諦めたときに、「やっぱりお前には無理だったんだ。ざまあみろ」って言われるのと、「お前はよく頑張った！　お疲れ！」って言われるのって全然違うよね。

社会が挑戦する人たちを応援して、称賛するようになれば、きっともっと個性的で情熱的な人たちが今よりもっと報われると思うんだ。まあこれは、極端に単純化した話だけど、そんな社会って悪くないじゃん？

偽善的に聞こえるかもしれないけど、これがオレの闘う理由。本音だ。

完全にオレの一方的でわがままな押し付けがましい理由だとは思うよ。

もしかしたら誰も望んでいないかもしれない。でも、少なくとも過去の自分だったらそういう奴がいたら、きっと助かると思うから。それは、他の誰かにとっても意味のあることだって信じてやっている。きっと誰かの光になると。


ほんのちょっとだけ違えば……っていう「ｉｆ」がこの世にはたくさんある。

実力だけで評価されるわけじゃないし、頑張りがそのまま評価されるわけでもない。

「ちょっとしたこと」が差を作ることって往々にしてある。

そんなちょっとした「もしこうだったら」っていう差で運命は変わる。

だから、誰もが現代のピカソになれるし、現代のジョン・レノンになれる可能性を持ってる。オレはそう思うんだ。

だからオレが、そのきっかけを作れるものなら、作りたい。
オレは、挫折の中から、そんな希望を拾い上げた。

これがオレの中の**「不純な動機」**であり、今やっていることのすべての行動原理なんだ。今までやってきたことすべて、常にこれだったし、これからもたぶんそうだと思う。人生なんて、本当にちょっとした小さなきっかけで、いくらでも変えることができる。何よりオレ自身がそうだったから。

だからありったけで歌っていくし、書いていくし、これからも喋っていく。それが誰かの何かのきっかけになる限り。具体的に誰の、どんなきっかけになるかまではわからない。だけど誰かの何かのためには絶対なるし、実際なったし、続けていけばもっと多くの人にきっかけを手渡せるって信じているからやってる。

そのきっかけ作りのために必要なことはすべて学んで、掴み取っていく。

これまでだって、いつでもそうやってきた。デザインも、プログラミングも、コピーライティングも、マーケティングも、会計も、人事も、経営のことも……そうやって「異世界と握手」を繰り返して新しい世界を自分のものにしてきた。これからもオレは、その胸に秘めた自分の情熱の指向性に従って、そうやっていくつもりだ。その根底にあるのはいつだって、腹の中にある「不純な動機」からだった。

別にね、**動機なんて、きれいなものじゃなくて全然いいんだよ。**

不純な動機で大いに結構。簡単に言えば、バカみたいなのでも全然いいんだよ。

「できたらカッコイイだろうな！」とか、「女の子にモテそう！」とか、そんなんでいい。

自分の自尊心を満たすための不埒で、不純な動機でいいの。

とにかく、その衝動こそがすべてだ。その不純な動機こそが大事なんだよ。

だから、オレは、この本を通じて、その不純な動機が生み出す、爆発的なエネルギーの力を解放することをあなたに伝えたくて、ここまでこの本を書いてきた。

オレは、経営者であり、この本を書いている作家であり、経営者たちの介添え役たるコンサルタントであり、デザイナーであり、そしてミュージシャンでもある。

そのどれか１つでもなければ、そのどれでもある。

なにものでもないけど、なにものでもある。

なにものでもあり、なにものでもない。

完全に肩書を持たない「原田翔太」という生き方をしている。

そんな自分だけの「絶対領域」に生きている。


一見すると、オレのやっていることは、つながりが見えづらく、でたらめで、何が本業なのか全くわからないと思う（ここまで読んできたあなたも未だによくわかっていないかもしれない。笑）。

でも、これら全部は、オレにとって全く同じことなんだ。

オレにとって生きることは、勇気と信念を届けること。他の誰かに、光を手渡すこと。

だからオレにとってはこれらの一見てんでめちゃくちゃな仕事の1つ1つが、すべて同じ意味と価値を持つ「ライブワーク」なんだ。それが一番「らしく」あれるし、多くの人にパワーを分けてあげられる方法でもある。そして、だからこそオレは「なにものでもあり、なにものでもない」存在……「原田翔太」という絶対領域で生きている。

あなたも、あなたが思う自分でいられるように。

そんな祈りを込めて、オレはこれからも本を書いていく。

人前で喋り続けるし、音楽も作っていく。求められれば日本全国、いや、世界中どこにでも飛んでいく。それが原田翔太ってヤツの生き方だ。

どうだみたか！

えっへん！（笑）

人生の方向性を決める最大の問い

人間ってのはさ、自分自身で与えた方向性通りにしか進めない生き物なんだよね。

・冒険したいのか
・安全に生きたいのか

この2つの方向性、どちらを選ぶかで、人生は180度変わる。

経験できることが真逆になる。

でもって、そういう一生を決定づけるような選択をしなきゃいけないタイミングが、大人になるまでに何度かある。

大人になってしまったら、友達と同じ人生は絶対に歩めない。

でも、みんな等しく大人になるし、そっからおっさんおばさんになって、じいさんばあさんになって死んでいく。

生まれた時はみんなたいして変わらない。

だけど**最後の瞬間に至るまでの道のりって、１００人いれば１００通りの道がある**んだ。

当たり前だけど、誰かの人生に流されたら自分の人生なんか歩めない。

自分自身で、自分の生き方に対して舵を切らなきゃいけない。

どんな方向にだってダイナミックに向かうことができる。

けど、なぜかみんな人生の主導権を握らなきゃいけないタイミングで、思考放棄しちゃう。

あまり深く考えることなしに、与えられたレールに無条件降伏しちゃう。

そのせいで、「世の中が与えた範囲」＝杓子定規にそったスケールでしかイメージができなくなっちゃう。その結果、自分的には必死で考えたつもりでも、なんだかあまり他人と代わり映えしないパッとしない人生を送っている人が大半だ。

でもさ、当たり前だよね。本当の意味で、自分で選び抜いて決めた答えじゃないんだから。

どこかしらに、思考放棄していたり、自分をすっぽ抜かして、他人が作ったフレームにはめようとしているんだもん。


オレたちは親や先生、友人、先輩……ひっくるめて「社会」に大きく影響を受けている。

ある意味、洗脳されていると言っていい。その「社会」が生み出した無意識的な同調圧力によって、思考力を奪われている。

そして社会は、「成功モデル」を毎日のように提示してくる。

「憧れ」の押し売りだ。

主導権を奪われているわけだから、そのせいで、僕らはいつも、誰かに憧れて、なのにいつも、虚無感があって、不思議といつも、流れてる……そんな人生になっちゃうよね。


ここからは人生の主導権を自分に持ち直して、手綱をしっかり握っていこう。

この本では、たくさんの「これはすんな！」とか、「これをしてみろ！」みたいな過激なアドバイスをしてきたけど、それは「ある一点」を破壊するためにしてきたことだったりする。

それは、自分の「思い込み」という呪いを解くため、その「思い込みの固定点」を破壊するためだ。自分で主導権を持って、自分にとっての正義を定義し直し、その信念に従い、愛の戦いをはじめてほしいと思ってる。

だから、恋愛相談も友達にしちゃいけないし、退職するかどうかなんていうのを上司にしちゃいけないし、間違っても、親に進路相談なんかしちゃいけないよ。


お前の人生は、お前の人生だろ。

自分の人生の主導権を誰かに委ねたり、決めてもらおうってのは甘いぜ。

各々が自分の道をしっかり歩かなきゃいけない。

自分の頭で考えて、自分の足で歩んでる人たちによる、縦、横、ななめのつながり。

そんなつながりって素敵じゃないか？

もたれかかるのではなくて、手を取り合うんだ。

それができるのは、自分が１人で立てる人たちだけ。

ぬるぬるズブズブの依存的な人間関係からは、本当のパワーは生まれない。

そういう未熟な関係になってしまうのであれば、いっそのこと孤独を選んだほうがいい。

道は違えど、心は繋がってる。何かあったら助けに行く。

そういう深くつながった本物の仲間と生きてほしい。

生き方の方向性を決める舵はいつだって切りなおせる。

遅すぎるということは死ぬまでない。

いつだって、今が一番「若い」んだ。

だから、今やろうと思えば今すぐにでも切り替えられるよ。


で、いつやるの？

「今でしょ！」

……でしょ？（笑）

原田翔太からキミへの手紙

ここまで読んでくれてありがとう。

言いたい放題言ってきた感じだけど、最後にもう1つだけ、言いたいことを言わせてくれ。

もうこれでほんとに最後だから、全開でいくぜ。


ちょっとさ、考えてみてほしいんだ。

キミにとって、「自由」とか「幸せ」ってなんだろ?


……お金があること?

……愛で満たされていること?

……時間があまるほどあること?

……好きなことを好きなだけやれること?

……たくさん好きなものをほしいだけ手に入れること?

……大好物を腹がふくれるまでむさぼること?

オレの答えは……**全部だ。**

そして、**どれでもない。**

そう、**この問いに答えなんてないんだ。**

でも、この問いを自分なりに考えて、自分なりの答えを出すことが大事なんだよ。

それが「自分の正しさ」を持つってこと。何度も言ってきたけど、結局、答えなんていうものは、自分が決めるものなんだよね。自分で自分にとっての自由だとか、幸せを定義しなければ永久にさまよい続けるしかない。

だから、**最初は不純な動機でいい**と思うんだ。

ずっと蓋をして、閉じ込めていた、自分の中にドクドクと流れる、どす黒いマグマみたいな感情を解放しよう。その不純な動機で一歩を踏み出した瞬間から、オレたちは自分の人生を生きはじめることができる。

だから、はじめる理由なんて、きれいでなくていい。
きれいごと病なんかぶっ飛ばしていいし、大それたお題目よりも、率直な本音でいい。
御託を並べるよりも、はじめて動き出すことのほうがよほど大事だ。
不純な動機で構わない。何よりもまず、最初の一歩をスタートすること。
そこから、自分の人生はいくらでも変わる。

……みんなだって、本当は燃え尽きたいだろ？
やりきって、やりぬいて、やってよかったって思いたいだろ？
できることなら、そういう生き方をしたいだろ？
本当は、もやっとした日常なんて変えて、全力人生にしてみたいだろ？
やりきって、燃えカスになれたほうが絶対気持ちいいって、頭ではわかってるだろ？
「オレは、最高の人生を送ったんだ！」って胸を張れるようにしたいだろ？
そのためには理想を描いて、ひたすらがむしゃらに走るしかないって知ってるだろ？

オレたちはそのことを本当は自分が一番よく知っているはずなんだ。
きっとその魂は、そう叫んでいるだろ？

……でも、怖くてできない。

いや、もうさ、勇気を出すしかないよ。

そればかりはキミが胸の中に炎をいっぱいにしないとはじまらないから。

オレはそのために着火剤になったらいいなと思ってこの本を書いたんだ。キミにとって意味のある本になったかわからないけど、これでも少なくとも3ヶ月は自分の命削って書いたんだぜ。だから、お願いだから勇気出して。(笑)

で、まずやってほしいのは、**真っ向勝負で言いたいことを言いはじめてみてほしい**ってこと。

欲望ドロドロでいいんだ。普段は言えないクサいセリフでもいいのよ。

中二病全開な勘違い気味なくらいでちょうどいい。

とにかく、本音を言ってみなよ。すげーすっきりして、開き直れたら勝ちだよ。

残念なことにだよ? この国では、そういうふうに、本音をストレートに言う奴は変な奴だと言われちゃうんだよね。

でも、そんなことを気にすんなよ。

そいつだって、たいがいどうかしてるし、おかしいところだらけなんだぜ。

たいがいみんな、普通を装った変態なんだ。で、その変態性をバカにされるのが怖くて、隠して生きてるウジウジした奴なんだよ。

やっぱここは**ノーガードフルチン戦略**のほうがよほど強いよ。(笑)

それに人間なんてさ、ホント根本的に、みんなたいして変わりないんだよね。

たんぱく質と水分と幾ばくかの違う成分で構成されてるわけじゃん。

言ってしまえば、みんな**クソの詰まった肉袋**だ。

かわいいあの子も、憧れのアイドルも、ジャイアンみたいなあいつも、オレだって同じ。

分子レベルで見ても、遺伝子レベルで見ても、全然大差ないんだよ。


じゃあ何かって、違いは、魂レベルにあるんだ。

言い方を変えれば、**その違いってオレたちが個々に持ってる信念**なんだよ。


つまり、すべてはぎ取って、ノーガードフルチンになったときのお前が何であるかってこと。そこにあるのがあなた自身であり、あなたの自我で、あなたのソウルなんだ。
それがセカイを変える可能性すら持った、オレたちが持つ最後で究極の武器なんだ。
で、それを勇気を持って世の中に提示できるかどうかなんだ。
そしてそこに愛を持って戦いをやり遂げられるかなんだ。
だから**今すぐキミの中に閉じ込めていた「本音」を解放しよう。**
そして遠慮なく大きな声で叫んでやれ。
ずっと隠してた本音を開放して、全開にして生きるんだ！
自分の中に秘めていたチカラを開放してやるんだ！
お前が声を大にして世の中に叫びたいことは何だ？

さあ、まずは、オレに教えてみろ。ここにまず書いてみてくれ！

書けた？　ＯＫ？

それを世の中にこれから、大声で言っていこう！

そんでもってだ。いいか、よく聞け。

オレたちは、これから過去の英雄たちが死ぬまで頑張ったけど、できなかったことをやるんだ。死んだ奴に今を動かす力はもうない。どんな英雄でも死んだらもう何もできない。

だからオレたちがやるんだ。せっかく生まれてきたんだろ？

オレたちにしかやれない「小っちゃな革命」を起こそうぜ。それでセカイを、１ミリでい い、変えてやろうぜ。そんな「小っちゃな伝説」を作ろう。オレたちは、そのために生まれてきた。オレたちにはそれをやる権利がある。今生を生ききるんだ。


今、キミは「生ききって」いるだろうか？

「生」に本気だろうか？


今書いた「言いたいこと」を世の中に突き通すために、お前にしかできないことは何だ？

それを問うてみろ。さあ、これも書いてみよう。

お前しかできないことは何だ？

よし。それを、全力でそれを世の中に投げつけていこう。

誰に構うことなんてないよ。

だって、**正々堂々と真っ向勝負を仕掛ける奴が後ろ指さされて、笑われて、無視される社会なんて、そんなのおかしいだろ？**

全力で戦う奴は賞賛されていい。そんな当たり前のことを忘れた社会だからこそ、多少不純でもいいから、やっぱり動き出して自分で証明するしかないんだよ。

だからさ、オレたちは全力で恰好つけていこうぜ。

かっこつけてる大人もいなきゃ、若者が未来になんて希望を持てないよ。

ん……？

おっと、もう本のページがこれ以上あまり増やせないみたい。

最後の最後に、もう一度確認しておくよ?

オレたちは、セカイとつながるために生まれてきた。
オレたちは、1人じゃない。

いいか? 絶対忘れるなよ。
ビビッて踏み出すのやめるなよ?

オレたちは、セカイを変えられるんだ。

心配すんなよ。
多少無茶しても死にゃあしない。
批判する奴もいるかもしれないが、絶対大丈夫だ。OK?
実際に何かやろうとすると、きっと頭の中に雑念がいっぱい流れ込んでくると思う。
でも、そういう声に耳を貸したらいけないよ。囚われたら動けなくなるぜ。
もう、職業に囚われてはいけない。

もう、年齢に囚われてはいけない。
もう、学歴に囚われてはいけない。
もう、性別に囚われてはいけない。
もう、銀行口座の残高に囚われてはいけない。
もう、時間に囚われてはいけないんだ。

今がどうでも、関係ない。
不可能なんてもんは、自分が作り出す「呪い」なんだよ。

しょせん幻想に過ぎないし、あらゆる「できない理由」は「不可能」を正当化するための言い訳にしか過ぎないんだ。

とにかく、自分を信じろ。
そこにしか正解はない。
勇気と信念だよ。
キミにとっての真実が、セカイの真実なんだ。

オレが挑戦をするとき、いつだって誰もオレの才能なんて認めなかった。
へたくそ、ばか、うすのろ、やめちまえ……そんなことばっか言われてきたよ。
今でも何か新しいことをしようとするたび言われるし。

でも自分だけは信じてた。
もっと言えば、自分で自分を信じた気持ちを裏切れないから努力をした。
そして、ちっぽけかもしれないけど、色んな成功体験ができた。
それは、自分の正義を信じてきたからだ。
そして、その正義を証明するために情熱を持って、努力をしてきた。
それだけは、誰にも負けない自信がある。
だから、何でもできる。

「オレは絶対にやれるっていう自信がある」

そう自分でも言い切れるような生き方をしてほしい。

何度も言うけど、世の中に認められるためには、大ボラ吹いててもいいから、不純な動機でもいいから、とにかく自分にしかできないことをやるしかない。

キミにしかできないこと＝「絶対領域」を作り上げて、唯一無二の価値を放って、誰かとそれを共有すること。

これしかない。

そのためには本音が必要だ。しかも、圧倒的な本音だ。
本気も必要だ。圧倒的本気が必要だ。
そして渾身の心を込めなければいけない。
ありったけの想いを込めた心で臨む必要がある。

お前の本音がセカイを変える。
お前の信念がセカイを動かす。
お前の情熱がセカイを揺るがす。
お前の本音はお前の愛だ。

愛は時として、誤解され、正しく受け取られないこともあるだろう。

それでも、届け続けよう。

そうすることでしか、オレたちは生きた証を刻むことはできないんだ。

他の誰かを変えることも、守ることも、関わることもできないんだ。

うわべだけの薄っぺらい付き合いなんて、止めちまおう。

アタマとココロと、カラダ、そのお前の持てるすべてを使って、すべてをかけて、つながりにいくんだ。

人は信じているとき、強い。


オレは、かつてただの夢見がちなドリーマーな少年だった。

いつも妄想ばかりしていた。

「なりたいものになれるのは、なろうとしたものだけだ」

オレは、自分自身にこの言葉を投げかけ続けて鼓舞してきた。

そしてオレは、経営者になった。本を書く作家にもなった。大勢の人たちの前で喋る講演家にもなった。テレビにもラジオにも雑誌にも出た。メジャーアーティストにもなった。

本気になったとき、人は何者にだってなれる。キミも本気で生きれば「なりたいもの」になれる。キミという唯一無二の「絶対」になれる。

じゃあ、本気って、何だろう？

本気の人間てのは、自分の人生に全掛けしてぶち込んでる奴だよ。
本気の人間は言い訳をしない。
本気の人間は思いを語ることを恥じない。
本気の人間は決して諦めない。
本気の人間は失敗する勇気を持っている。
本気の人間は捨てることを厭《いと》わない。
本気の人間は本気の使命にのみコミットする。
最終地点を常に見据え、ただただ動くのみだ。

キミは今、本気か？

キミには、覚悟があるか？

どんなに奪われたって、どんなに笑われたって、お金を全部失おうが、住む場所がなくなろうが、オレたちは死なない。

魂がこの胸の中にある限り、絶対にオレたちは死なない。

安心しろ、

ずっとお前はお前のままだ。

だから自信を持って、

ずっと思い描いていた未来へ進むんだ。

いける！　いける！　いける！

大丈夫だ！　いける！

いける！

おわりに　謝辞――新装版発刊によせて

この本は2013年に執筆した『不純な動機ではじめよう』を原著に、タイトルを『絶対領域～「自分を生きる」ということ』と改め、大幅に加筆し新装版として世に再び送り出したものである。

そもそもこの新装版の実現は、旧版『不純な動機ではじめよう』の熱烈なファンであった作家・臼井正己さんが、青志社・阿蘇品社長に一読を薦めたことに端を発する。そして、刊行から10年近くが経ち絶版状態にあった本著を手にとり、お読みくださった阿蘇品社長から1本の電話を頂いた。

「この本は、とても10年近く前に書いた本とは思えない。現代に出した本だとしてもなお斬新な感覚を覚える。この本をもう一度現代版として出してみないか」

このように連絡を頂き、この本の新装版リリースが決まった。

臼井氏、そして阿蘇品社長との出逢いがなければ本書はない。このことにまず一番の感謝を申し上げたい。著者としてはずいぶんと昔に上梓した本を手にとって下さり、現代に是非蘇らせたいというオファーは控えめに言っても最上級の喜びである。新装版のリリースにあたっては、当時とはずいぶんと世の中の状況も、環境も変化したことを考慮し、時代背景に合わせて加筆修正を行った。細かい変更点をあげればきりがないが、２０１３年当時に執筆した際、原著の持っていたエネルギーをできる限り稀釈しないよう極力そのままに届けられるように心がけた。当初は既刊本ほぼそのままでカバーだけ変更して出すのでもよいかとも考えたのだが、自分自身が10年近く前に生み出したエネルギーと向かい合わされることとなった。取り組んでいくほどに、再びこの本に自分の分身を宿すように紡いだ言葉と、伝えたかったものが自らに突きつけられた。存外に手を入れる箇所も多く、想像を超えて新版への編集的執筆は難航したが、過去の１つの地点を再び今の自分が丁寧に見つめるという時間は心底楽しい時間でもあった。

前著もお読みになった方はぜひその細かい差を楽しんでいただければ嬉しい。本作で初めて私の作品に触れたという方は、この独特な文体と表現のビジネス書に面食らった方もいるかもしれない。冒頭にも表明したとおり、折り目正しいだけの眠たくなるような啓発本ではなく、本作は「自分を生きるということ」という副題が示すとおり私自身が語りかけるような文体でお伝えしたいという意図があった。

なんせ、10年近くも前の本であるから、新装版制作にあたっては装いも新たにする必要があった。現代の感覚を本に纏わせたいという思いを最高のクリエイターチームが手掛けてくれた。たっての願いで指名させていただいたトサカデザインの戸倉巌さん。そしてそこからご縁を頂いたフォトグラファーの小田駿一さん。私自身写真家でもあるが、彼の仕事は当代で最高の人物写真家の1人だなと強く思っている。このお二方に本書のアートワーク制作の役割を依頼したところ、快く引き受けてくださり、現代に届けなおすうえで最高の装丁ができあがった。通常装丁制作というのは、編集者の範疇であることは重々承知なのだが、本書は著者である私自身がディレクションをさせてもらうことになった。著者自装という手も考えたのだが、せっかくならこの人ぞという「絶対領域」を持ったクリエイターと仕事をしたいと考え、実現したチームだった。「原田さんの感性でやっていただいて構いません」と自らによる書籍のデザインワークまで含めた作り込みを快諾くださった阿蘇品社長の器の大きさには感謝しかない。

また、本書の原著となる『不純な動機ではじめよう』を一緒に作ってくださった当時の編集者・長倉顕太さんの存在がなければそもそも本書自体きっとなかっただろう。彼からの「最高にロックなビジネス書を作りましょう」という声がけが、そもそもの本書のすべてのきっかけである。長倉氏と仕事をすることが自身の夢の1つであったのは今から15年も前の話である。そこから旧版ができ、そこからさらに10年先の未来に本書として結実した。本書の半分は長倉氏と作ったものだと今でも思っている。そのことにも改めてお礼を申し上げたい。


最後に、本書を手にとってくれたすべての読者に感謝申し上げたい。

この本と向き合って、ここまで読んでくれてありがとう。

本の中で私と出逢ってくれてありがとう。

読者の方の中には、いつか実際に私とお逢いすることになる方もきっといると思います。

そんなこの本が紡ぐ出逢いが生まれるその日を、楽しみにしています。


人は、天命を持って生まれている。

その天から書き込まれた命の方程式を実行するのはあなた自身だ。

自分にしかできないことをやって生きよう。そして自分にしかできない生き方を全うして死のう。私も、そのように生きる。

大なり小なり、役割や立場の違いはあれど、つまるところ私たちはこの偉大な地球に産み落とされたという点でなんら違いはない。小さなことからでもいい。それを誇って生きよう。

全力で生きた証として、きっとその生き方は偉大な命の使い方になるはずだから。

原田翔太

著者略歴

原田翔太

（はらだ・しょうた）

1984年生まれ、東京育ち。上智大学、早稲田大学を経てデジタルハリウッド大学院デジタルコンテンツ研究科修士課程在学。リーダー教育・医療教育分野のEdTech企業など5社を経営。00年代前半の日本のオンラインビジネス黎明期から学生フリーランスとして起業し、〝LIVE WORK〟（ライブワーク）という新しい生き方・働き方のモデルを提唱してきたビジネス系インフルエンサーのパイオニア。

大学在学18歳のときに立ち上げた政治系オピニオンメディアが主要ニューステレビ番組、全国紙などで取り上げられ話題に。その後、2003年にカフェの情報メディアを立ち上げ、日本最大規模のカフェ情報サイトに成長させた。そのウェブメディア運営の手腕を活かし2004年よりコンサルティング会社を立ち上げマーケティング分野の専門家として活動。2007年に検索エンジンマーケティング分野のスタートアップ・ウィルゲート株式会社の創業に際し常務取締役CMOに就任（2007～2012年）のほか、サンマーク出版や大手アパレル企業など複数社の企業顧問を歴任。これまで過去15年以上に渡る活動の中で大手有名企業から街の商店まで様々な業界で記録を塗り替える経営者・起業家たちを輩出してきた。「まだないカテゴリを生み出す」ことと「古くて寝ぼけた業界を叩き起こす」をモットーに、ビジネスの規模の大小問わず情熱的かつ的確なアドバイスを行う姿勢には定評がある。過去にSMBCコンサルティング講師、All Aboutなどでコラムニスト（両社とも史上最年少記録）、大学講演や全国の商工会などでも講師として活躍。発行しているメルマガは累計読者数50万人を超える、主宰したオンラインサロンには４５００名以上の受講生が集まり、当時日本最大のマーケティングコミュニティ（２０１２年）を作り上げるなど情報発信・オンラインサロン系の分野においては日本有数の実績を持つ。現在では、あらゆるメディアを活用し、立体的かつ有機的に顧客へ価値・魅力を伝達する最先端のマーケティング戦略「コア・マーケティング」の提唱者として自身が主宰する経営者勉強会でクライアント企業にそのノウハウを伝えているほか、近年ではＥｄＴｅｃｈ系スタートアップを手掛け、リーダー人材教育、医療教育分野における新しい学習体験のデザインに挑んでいる。

　アーティストとしての顔も持ち、ビクターエンターテイメントより「ＭＯＮＯＣＬＯＧＵＥ」にてデビュー。無名新人にもかかわらず、Ａｍａｚｏｎ音楽総合ランキング１位、オリコンにもチャートインという快挙を成し遂げた。伝統芸能分野でも津軽三味線奏者として小山流・名取の資格を保持するほか、フォトグラファーとしての顔も持ち、自身が主宰する「原田翔太写真事務所」ではビジネスタレントやインフルエンサー、経営者などのポートレート撮影を手掛けるなど、分野やフォーマットを問わない縦横無尽な表現活動を行なっている。

　これまでメディア出演多数。著書に「ありえないマーケティング」、「モバイルＳＥＯ勝者のバイブル」、「勉強のルール」、「出逢いの教科書」、「未来予見」などがある。

オフィシャルサイト	haradashota.jp
Twitter	@shotaharada
Facebook	@harada.shota
Instagram	@haradashota
Clubhouse	@haradashota

絶対領域

「自分を生きる」ということ

発行日　二〇二一年六月十六日　第一刷発行
二〇二一年六月二十二日　第二刷発行

著者　原田翔太

編集人　発行人　阿蘇品 蔵

発行所　株式会社青志社
〒107−0052
東京都港区赤坂5−5−9
赤坂スバルビル6階
編集・営業　TEL：03（5574）8511
FAX：03（5574）8512

本文組版　株式会社キャップス

印刷・製本　中央精版印刷株式会社

©2021 Shota Harada Printed in Japan
ISBN 978-4-86590-117-7 C0095